Scharfe objektive Analyse, verbunden mit Achtung vor der Macht subjektiver Empfindungen, lassen Arthur Schopenhauer zum philosophischen Menschenkenner par excellence werden, wobei ihm die Offenheit fremden Kulturen gegenüber zugleich eine überpersönliche, transzendentale Weltsicht erschließt. Popularität verschafften ihm seine *Aphorismen zur Lebensweisheit:* Knappe, unterhaltsam und stichhaltig formulierte Erkenntnisse auf der Grundlage seiner oft ernüchternden Lebenserfahrung, die ihm gleichwohl ein im Innersten nicht mehr erschütterbares, heiteres und gelassenes Dasein ermöglicht hat. Hier, am authentischen Beweis für die Praktizierbarkeit der Seelenruhe und Schopenhauers Überzeugung von den großen Zusammenhängen eines Ganzen, dem alles Lebendige unverlierbar angehört, setzt die vorliegende Auswahl an. Den meisten Ängsten und Nöten, Suppressionen und Anfeindungen kann man bei aller scheinbaren Ausweglosigkeit durch Erkenntnis und Übung sehr wohl etwas entgegensetzen.

insel taschenbuch 2504
Schopenhauer für Gestreßte

Schopenhauer für Gestreßte

Ausgewählt von Ursula Michels-Wenz

Insel Verlag

Umschlagfoto: Transglobe

insel taschenbuch 2504
Erste Auflage 1999
Originalausgabe

Textquellennachweis am Schluß des Bandes
Vertrieb durch den Suhrkamp Taschenbuch Verlag
Umschlag nach Entwürfen von Willy Fleckhaus
Satz: Hümmer GmbH, Waldbüttelbrunn
Druck: Nomos Verlagsgesellschaft, Baden-Baden
Printed in Germany

1 2 3 4 5 6 – 04 03 02 01 00 99

Inhalt

Unser Glück hängt ab von dem, was wir sind

Gesundheit und Geistesruhe, diese beiden höchsten Güter der Welt, wünscht Ihnen Ihr Freund

Arthur Schopenhauer

Um nicht sehr unglücklich zu werden, ist das sicherste Mittel, daß man nicht verlange, sehr glücklich zu sein. [1]

Es ist weiser, auf Erhaltung seiner Gesundheit und auf Ausbildung seiner Fähigkeiten als auf Erwerbung von Reichtum hinzuarbeiten; was jedoch nicht dahin mißdeutet werden darf, daß man den Erwerb des Nötigen und Angemessenen vernachlässigen sollte. Aber eigentlicher Reichtum, d.h. großer Überfluß, vermag wenig zu unserm Glück; daher viele Reiche sich unglücklich fühlen; weil sie ohne eigentliche Geistesbildung, ohne Kenntnisse und deshalb ohne irgendein objektives Interesse, welches sie zu geistiger Beschäftigung befähigen könnte, sind. Denn was der Reichtum über die Befriedigung der wirklichen und natürlichen Bedürfnisse hinaus noch leisten kann, ist von geringem Einfluß auf unser eigentliches Wohlbehagen: vielmehr wird dieses gestört durch die vielen und unvermeidlichen Sorgen, welche die Erhaltung eines großen Besitzes herbeiführt. Dennoch aber sind die Menschen tausendmal mehr bemüht, sich Reichtum als Geistesbildung zu erwerben; während doch ganz gewiß, was man *ist*, viel mehr zu unserm Glücke beiträgt, als was man *hat*. [2]

Neun Zehntel unsers Glückes beruhen allein auf der Gesundheit. Mit ihr wird alles eine Quelle des Genusses: hingegen ist ohne sie kein äußeres Gut, welcher Art es auch sei, genießbar, und selbst die übrigen subjektiven Güter, die Eigenschaften des Geistes, Gemütes, Temperaments, werden durch Kränklichkeit herabgestimmt und sehr verkümmert. Demnach geschieht es nicht ohne Grund, daß man vor allen Dingen sich gegenseitig nach dem Gesundheitszustande befrägt und einander sich wohlzubefinden wünscht: denn wirklich ist dieses bei weitem die Hauptsache zum menschlichen Glück. Hieraus aber folgt, daß die größte aller Torheiten ist, seine Gesundheit aufzuopfern, für was es auch sei, für Erwerb, für Beförderung, für Gelehrsamkeit, für Ruhm, geschweige für Wollust und flüchtige Genüsse. [3]

Für unser Lebensglück ist das, was wir *sind*, die Persönlichkeit, durchaus das erste und wesentlichste – schon weil sie beständig und unter allen Umständen wirksam ist. –

Hieraus nun folgt, daß dem Menschen von außen viel weniger beizukommen ist, als man wohl meint. –

Was in dieser Hinsicht in unserer Macht steht, ist, daß wir die gegebene Persönlichkeit zum möglichsten Vorteile benutzen, demnach nur die ihr entsprechenden Bestrebungen verfolgen und uns um die Art von Ausbildung bemühen, die gerade ihr angemessen ist, jede andere aber meiden, folglich den Stand, die Beschäftigung, die Lebensweise wählen, welche zu ihr passen. [4]

Nichts kann verkehrter sein als, von der Reflexion ausgehend, etwas anderes sein zu wollen, als man ist. – Nachahmung fremder Eigenschaften und Eigentümlichkeiten ist viel schimpflicher als das Tragen fremder Kleider: denn es ist das Urteil der eigenen Wertlosigkeit, von sich selbst ausgesprochen. Kenntnis seiner eigenen Gesinnung und seiner Fähigkeiten jeder Art und ihrer unabänderlichen Grenzen ist in dieser Hinsicht der sicherste Weg, um zur möglichen Zufriedenheit mit sich selbst zu gelangen. [5]

Wie sehr unser Glück von der Heiterkeit der Stimmung und diese vom Gesundheitszustande abhängt, lehrt die Vergleichung des Eindrucks, den die nämlichen äußern Verhältnisse oder Vorfälle am gesunden und rüstigen Tage auf uns machen, mit dem, welchen sie hervorbringen, wann Kränklichkeit uns verdrießlich und ängstlich gestimmt hat. Nicht, was die Dinge objektiv und wirklich sind, sondern was sie für uns, in unserer Auffassung sind, macht uns glücklich oder unglücklich. [6]

Daß für unser Glück und unsern Genuß das Subjektive ungleich wesentlicher als das Objektive sei, bestätigt sich in allem: von dem an, daß Hunger der beste Koch ist und der Greis die Göttin des Jünglings gleichgültig ansieht, bis hinauf zum Leben des Genies und des Heiligen. Besonders überwiegt die Gesundheit alle äußern Güter so sehr, daß wahrlich ein gesunder Bettler glücklicher ist als ein kranker König. [7]

Das Schicksal mischt die Karten und wir spielen. [8]

Unser Glück hängt ab von dem, was wir *sind* – während man meistens nur unser Schicksal, nur das, was wir *haben* oder was wir *vorstellen*, in Anschlag bringt. Das Schicksal aber kann sich bessern: zudem wird man bei innerm Reichtum von ihm nicht viel verlangen. [9]

Ein innerlich Reicher bedarf von außen nichts weiter als eines negativen Geschenks, nämlich freier Muße, um seine geistigen Fähigkeiten auszubilden und entwickeln und seinen innern Reichtum genießen zu können, also eigentlich nur der Erlaubnis, sein ganzes Leben hindurch, jeden Tag und jede Stunde, ganz er selbst sein zu dürfen. – Es gibt für ihn nur *ein* Glück und Unglück, nämlich seine Anlagen vollkommen ausbilden und seine Werke vollenden zu können – oder aber hieran verhindert zu sein. Alles andere ist für ihn geringfügig. Demgemäß sehen wir die großen Geister aller Zeiten auf freie Muße den allerhöchsten Wert legen. Denn die freie Muße eines jeden ist so viel wert, wie er selbst wert ist. [10]

Sich selber genügen, sich selber alles in allem sein – ist gewiß für unser Glück die förderlichste Eigenschaft. [11]

Offenbar ist die Beschaffenheit des Bewußtseins selbst das zunächst Wesentliche, und auf dieselbe kommt [es] in den meisten Fällen mehr an als auf die Gestalten, die darin sich darstellen. [12]

Wir sollten vor allem bestrebt sein, uns den hohen Grad vollkommener Gesundheit zu erhalten, als dessen Blüte die Heiterkeit sich einstellt. Die Mittel hiezu sind bekanntlich Vermeidung aller Exzesse und Ausschweifungen, aller heftigen und unangenehmen Gemütsbewegungen, auch aller zu großen oder zu anhaltenden Geistesanstrengung, täglich zwei Stunden rascher Bewegung in freier Luft, viel kaltes Baden und ähnliche diätetische Maßregeln. Ohne tägliche gehörige Bewegung kann man nicht gesund bleiben: alle Lernprozesse erfordern, um gehörig vollzogen zu werden, Bewegung sowohl der Teile, darin sie vorgehn, als des Ganzen. [13]

Ein aus vollkommener Gesundheit und glücklicher Organisation hervorgehendes, ruhiges und heiteres Temperament, ein klarer, lebhafter, eindringlicher und richtig fassender Verstand, ein gemäßigter, sanfter Wille und demnach ein gutes Gewissen, dies sind Vorzüge, die kein Rang oder Reichtum ersetzen kann. Denn was einer für sich selbst ist, was ihn in die Einsamkeit begleitet und was keiner ihm geben oder nehmen kann, ist offenbar für ihn wesentlicher als alles, was er besitzen, oder auch, was er in den Augen anderer sein mag. Ein geistreicher Mensch hat in gänzlicher Einsamkeit an seinen eigenen Gedanken und Phantasien vortreffliche Unterhaltung, während von einem Stumpfen die fortwährende Abwechslung von Gesellschaften, Schauspielen, Ausfahrten und Lustbarkeiten die marternde Langeweile nicht abzuwehren vermag. Ein guter, gemäßigter, sanfter Charakter kann unter dürftigen Umständen zufrieden sein; während ein begehrlicher, neidischer und böser es bei allem Reichtum nicht ist. [14]

Unsere Glückseligkeit und Unglückseligkeit ist bloß eine Proportionszahl zwischen unsern Ansprüchen und dem, was uns zuteil wird. [15]

Wenn man den Zustand eines Menschen seiner Glücklichkeit nach abschätzen will, soll man nicht fragen nach dem, was ihn vergnügt, sondern nach dem, was ihn betrübt; denn je geringfügiger dieses an sich selbst genommen ist, desto glücklicher ist der Mensch; weil ein Zustand des Wohlbefindens dazu gehört, um gegen Kleinigkeiten empfindlich zu sein: im Unglück spüren wir sie gar nicht. [16]

Große Leiden machen alle kleineren gänzlich unfühlbar, und umgekehrt quälen und verstimmen uns bei Abwesenheit großer Leiden selbst die kleinsten Unannehmlichkeiten. [17]

Bei der Langenweile werden wir der Zeit inne, bei der Kurzweil nicht. Beides beweist, daß unser Dasein dann am glücklichsten ist, wann wir es am wenigsten spüren. [18]

Das glücklichste Los hat der, welcher sein Leben ohne übergroße Schmerzen, sowohl geistige als körperliche, hinbringt; nicht aber der, dem die lebhaftesten Freuden oder die größten Genüsse zuteil geworden. Wer nach diesen letzteren das Glück eines Lebenslaufes bemessen will, hat einen falschen Maßstab ergriffen. – Kommt zu einem schmerzlosen Zustand noch die Abwesenheit der Langenweile, so ist das irdische Glück im wesentlichen erreicht: denn das übrige ist Chimäre. [19]

Wir sollen der Heiterkeit, wann immer sie sich einstellt, Tür und Tor öffnen: denn sie kommt nie zur unrechten Zeit. [20]

Wer sich momentan glücklich fühlt, möchte sogleich alles um sich herum beglücken. [21]

Zuverlässig verdankt mancher das Glück seines Lebens bloß dem Umstande, daß er ein angenehmes Lächeln besitzt, womit er die Herzen gewinnt. [22]

Was uns am unmittelbarsten beglückt, ist die Heiterkeit des Sinnes: denn diese gute Eigenschaft belohnt sich augenblicklich selbst. Wer eben fröhlich ist, hat allemal Ursache es zu sein: nämlich eben diese, daß er es ist. Nichts kann so sehr wie diese Eigenschaft jedes andere Gut vollkommen ersetzen; während sie selbst durch nichts zu ersetzen ist. Einer sei jung, schön, reich und geehrt; so frägt sich, wenn man sein Glück beurteilen will, ob er dabei heiter sei; ist er hingegen heiter, so ist es einerlei, ob er jung oder alt, gerade oder bucklig, arm oder reich sei: er ist glücklich. [23]

Heiterkeit ist unmittelbarer Gewinn. Sie allein ist gleichsam die bare Münze des Glücks und nicht wie alles andere bloß der Bankzettel, weil nur sie unmittelbar in der Gegenwart beglückt; weshalb sie das höchste Gut ist für Wesen, deren Wirklichkeit die Form einer unteilbaren Gegenwart zwischen zwei unendlichen Zeiten hat. [24]

Je mehr ein Mensch des ganzen Ernstes fähig ist, desto herzlicher kann er lachen. [25]

Jede Wirklichkeit, d.h. jede erfüllte Gegenwart, besteht aus zwei Hälften, dem Subjekt und dem Objekt. – Die schönste und beste objektive Hälfte bei stumpfer, schlechter subjektiver gibt doch nur eine schlechte Wirklichkeit und Gegenwart; gleich einer schönen Gegend in schlechtem Wetter oder im Reflex einer schlechten camera obscura. Oder planer zu reden: jeder steckt in seinem Bewußtsein wie in seiner Haut und lebt unmittelbar nur in demselben: daher ist ihm von außen nicht sehr zu helfen.

[26]

Der wirksamste Trost bei jedem Unglück, in jedem Leiden ist, hinzusehn auf die andern, die noch unglücklicher sind als wir: und dies kann jeder. [27]

Zwischen Wollen und Erreichen fließt durchaus jedes Menschenleben fort. Der Wunsch ist seiner Natur nach Schmerz: die Erreichung gebiert schnell Sättigung: das Ziel war nur scheinbar: der Besitz nimmt den Reiz weg: unter einer neuen Gestalt stellt sich der Wunsch, das Bedürfnis wieder ein: wo nicht, so folgt Öde, Leere, Langeweile, gegen welche der Kampf ebenso quälend ist wie gegen die Not. – Daß Wunsch und Befriedigung sich ohne zu kurze und ohne zu lange Zwischenräume folgen, verkleinert das Leiden, welches beide geben, zum geringsten Maß und macht den glücklichsten Lebenslauf aus. [28]

Ein Steckenpferd ist eine bleibende Quelle des Genusses.

[29]

Alles Wollen entspringt aus Bedürfnis, also aus Mangel, also aus Leiden. Diesem macht die Erfüllung ein Ende; jedoch gegen einen Wunsch, der erfüllt wird, bleiben wenigstens zehn versagt: ferner, das Begehren dauert lange, die Forderungen gehn ins unendliche; die Erfüllung ist kurz und kärglich bemessen. Sogar aber ist die endliche Befriedigung nur scheinbar: der erfüllte Wunsch macht gleich einem neuen Platz; jener ist ein erkannter, dieser ein noch unerkannter Irrtum. Dauernde, nicht mehr weichende Befriedigung kann kein erlangtes Objekt des Wollens geben: sondern es gleicht immer nur dem Almosen, das, dem Bettler zugeworfen, sein Leben heute fristet, um seine Qual auf Morgen zu verlängern. – Darum nun, solange unser Bewußtsein von unserm Willen erfüllt ist, solange wir dem Drange der Wünsche mit seinem steten Hoffen und Fürchten hingegeben sind, solange wir Subjekt des Wollens sind, wird uns nimmermehr dauerndes Glück noch Ruhe: ob wir jagen oder fliehn, Unheil fürchten oder nach Genuß streben, ist im wesentlichen einerlei: die Sorge für den stets fordernden Willen, gleichviel in welcher Gestalt, erfüllt und bewegt fortdauernd das Bewußtsein; ohne Ruhe aber ist durchaus kein wahres Wohlsein möglich. [30]

Entdeckung der wichtigsten Wahrheiten

Die einzige Welt, welche jeder wirklich kennt und von der er weiß, trägt er in sich als seine Vorstellung, und ist daher das Zentrum derselben. Deshalb eben ist jeder sich alles in allem. [31]

Die letzten Grundgeheimnisse trägt der Mensch in seinem Innern, und dieses ist ihm am unmittelbarsten zugänglich; daher er nur hier den Schlüssel zum Rätsel der Welt zu finden und das Wesen aller Dinge an einem Faden zu erfassen hoffen darf. [32]

Physikalische Wahrheiten können viel äußere Bedeutsamkeit haben; aber die innere fehlt ihnen. Diese ist das Vorrecht der intellektuellen und moralischen Wahrheiten.

[33]

Indem man versucht, menschliche Erkenntnis und Einsicht zu fördern, wird man stets den Widerstand des Zeitalters empfinden, gleich dem einer Last, die man zu ziehn hätte und die schwer auf den Boden drückt, aller Anstrengung trotzend. Dann muß man sich trösten mit der Gewißheit, zwar die Vorurteile gegen sich, aber die Wahrheit für sich zu haben, welche, sobald nur ihr Bundesgenosse, die Zeit, zu ihr gestoßen sein wird, des Sieges vollkommen gewiß ist, mithin, wenn auch nicht heute, doch morgen.

[34]

Der Anfang und Grund alles Tröstlichen ist die Lehre, daß der Mensch nicht aus Nichts geworden ist. [35]

Eine Tatsache des Bewußtseins ist das völlig deutliche und sichere Gefühl der *Verantwortlichkeit* für das, was wir tun, der *Zurechnungsfähigkeit* für unsere Handlungen, beruhend auf der unerschütterlichen Gewißheit, daß wir selbst *die Täter unserer Taten sind.* [36]

Soll ein Wesen für sein Tun *verantwortlich*, also soll es *zurechnungsfähig* sein, so muß es *frei* sein. Also aus der Verantwortlichkeit und Imputabilität, die unser Gewissen aussagt, folgt sehr sicher, daß der Wille frei sei; hieraus aber wieder, daß er das Ursprüngliche selbst, mithin nicht bloß das Handeln, sondern schon das Dasein und Wesen des Menschen sein eigenes Werk sei. [37]

Nie kann eine Wahrheit die andere umstoßen, sondern zuletzt müssen alle in Übereinstimmung sein; weil im Anschaulichen, ihrer gemeinsamen Grundlage, kein Widerspruch möglich ist. Daher hat keine Wahrheit die andere zu fürchten. Trug und Irrtum hingegen haben jede Wahrheit zu fürchten. [38]

Jede *allgemeine* Wahrheit verhält sich zu den speziellen wie Gold zu Silber, sofern man sie in eine beträchtliche Menge spezieller Wahrheiten, die aus ihr folgen, umsetzen kann wie eine Goldmünze in kleines Geld. – Ebenso wertvoll sind die allgemeinen Wahrheiten im Moralischen, im Psychologischen: wie golden ist doch auch hier jede allgemeine Regel, jede Sentenz der Art, ja jedes Sprichwort! Denn sie sind die Quintessenz tausender von Vorgängen, die sich jeden Tag wiederholen und durch sie exemplifiziert, illustriert werden. [39]

Die Gewalt der Wahrheit ist unglaublich groß und von unsäglicher Ausdauer. Wir finden ihre häufigen Spuren wieder in allen, selbst den bizarrsten, ja absurdesten Dogmen verschiedener Zeiten und Länder, zwar oft in sonderbarer Gesellschaft, in wunderlicher Vermischung, aber doch zu erkennen. Sie gleicht sodann einer Pflanze, welche unter einem Haufen großer Steine keimt, aber dennoch zum Lichte heranklimmt, sich durcharbeitend, mit vielen Umwegen und Krümmungen, verunstaltet, verblaßt, verkümmert – aber dennoch zum Lichte. [40]

Die Wahrheiten hängen alle zusammen, fordern sich, ergänzen sich, während der Irrtum an allen Ecken anstößt. [41]

Das Echte und ernstlich Gemeinte geht stets langsam seinen Gang und erreicht sein Ziel; freilich fast wie durch ein Wunder: denn bei seinem Auftreten wird es in der Regel kalt, ja mit Ungunst aufgenommen, ganz aus demselben Grunde, warum auch nachher, wann es in voller Anerkennung und bei der Nachwelt angelangt ist, die unberechenbar große Mehrzahl der Menschen es allein auf Auktorität gelten läßt, um sich nicht zu kompromittieren, die Zahl der aufrichtigen Schätzer aber immer noch fast so klein bleibt wie am Anfang. Dennoch vermögen diese wenigen es in

Ansehn zu halten, weil sie selbst in Ansehn stehn. Sie reichen es nun von Hand zu Hand über den Köpfen der unfähigen Menge einander zu, durch die Jahrhunderte. [42]

Die Wahrheit kann warten: denn sie hat ein langes Leben vor sich. – Sie hängt von keiner Gunst oder Ungunst ab und hat bei niemandem um Erlaubnis zu bitten; sie steht auf eigenen Füßen, die Zeit ist ihr Bundesgenosse, ihre Kraft ist unwiderstehlich, ihr Leben unzerstörbar. [43]

Wie man das Gewicht seines eigenen Körpers trägt, ohne es wie doch das jedes fremden, den man bewegen will, zu fühlen; so bemerkt man nicht die eigenen Fehler und Laster, sondern nur die der andern. – Dafür aber hat jeder am andern einen Spiegel, in welchem er seine eigenen Laster, Fehler, Unarten und Widerlichkeiten jeder Art deutlich erblickt. Allein meistens verhält er sich dabei wie der Hund, welcher gegen den Spiegel bellt, weil er nicht weiß, daß er sich selbst sieht, sondern meint, es sei ein anderer Hund. [44]

Wenn die *Wahrheit* aus dem Tatbestand der Dinge spricht, braucht man nicht ihr mit Worten gleich zu Hülfe zu kommen, die Zeit wird ihr zu tausend Zungen verhelfen. [45]

Zur Entdeckung der *wichtigsten* Wahrheiten wird nicht die Beobachtung der seltenen und verborgenen, nur durch Experimente darstellbaren Erscheinungen führen; sondern die der offen daliegenden, jedem zugänglichen Phänomene. Daher ist die Aufgabe, nicht sowohl zu sehn, was noch keiner gesehn hat, als bei dem, was jeder sieht, zu denken, was noch keiner gedacht hat. [46]

Nichts ist gewisser, als daß keiner jemals aus sich herauskann, um sich mit den von ihm verschiedenen Dingen unmittelbar zu identifizieren: sondern alles, wovon er sichere, mithin unmittelbare Kunde hat, liegt innerhalb seines Bewußtseins. [47]

Tiefe Wahrheiten lassen sich nur erschauen, nicht errechnen, d. h. ihre erste Erkenntnis ist eine unmittelbare und wird durch den momentanen Eindruck hervorgerufen: sie kann folglich nur eintreten, solange dieser stark, lebhaft und tief ist. Demnach hängt in dieser Hinsicht alles von der Benutzung der Jugendjahre ab. [48]

Um originelle, außerordentliche, vielleicht gar unsterbliche Gedanken zu haben, ist es hinreichend, sich der Welt und den Dingen auf einige Augenblicke so gänzlich zu entfremden, daß einem die allergewöhnlichsten Gegenstände und Vorgänge als völlig neu und unbekannt erscheinen, als wodurch eben ihr wahres Wesen sich aufschließt. [49]

Was aber die Leute gemeiniglich das Schicksal nennen, sind meistens nur ihre eigenen dummen Streiche. [50]

Die *Jugend* heißt die glückselige Zeit des Lebens, und das *Alter* die traurige. Das wäre wahr, wenn die Leidenschaften glücklich machten. Von ihnen wird die Jugend stark bewegt und hat davon wenig Lust und viele Pein. Das kühle Alter wird nicht so davon hin- und hergerissen, hat Ruhe und bekommt einen kontemplativen Anstrich: die Erkenntnis ist an sich schmerzlos: je mehr sie allein das Bewußtsein füllt, desto glücklicher ist es. [51]

Die Zeit selbst hat in unserer Jugend einen viel langsameren Schritt; daher das erste Viertel unsers Lebens nicht nur das glücklichste, sondern auch das längste ist, so daß es viel mehr Erinnerungen zuläßt und jeder, wenn es darauf ankäme, aus demselben mehr zu erzählen wissen würde als aus zweien der folgenden. Sogar werden, wie im Frühling des Jahres, so auch in dem des Lebens, die Tage zuletzt von einer lästigen Länge. Im Herbst beider werden sie kurz, aber heiterer und beständiger. [52]

Eine den übrigen unähnliche Individualität ist in der Jugend beschwerlich, im Alter erleichternd. [53]

Nicht ärgern, sondern freuen soll man sich, wenn irgendeine schon lange im stillen wirkende falsche Grundansicht einmal entschieden, laut und deutlich ausgesprochen wird: denn nunmehr wird das Falsche derselben bald gefühlt, erkannt und endlich ebenfalls ausgesprochen werden. Es ist damit, wie wenn ein Abszeß aufgeht. [54]

Was lange bestehn soll, entsteht langsam. [55]

Es ist unwahrscheinlich, daß das Unwahrscheinliche *nie* geschehe. [56]

Wie unser physischer Weg auf der Erde immer nur eine Linie, keine Fläche ist; so müssen wir im Leben, wenn wir eines ergreifen und besitzen wollen, unzähliges anderes rechts und links, entsagend, liegen lassen. Können wir uns dazu nicht entschließen, sondern greifen, wie Kinder auf dem Jahrmarkt, nach allem, was im Vorübergehn reizt; dann ist dies das verkehrte Bestreben, die Linie unsers Wegs in eine Fläche zu verwandeln: wir laufen sodann im Zickzack, irrlichterlieren hin und her und gelangen zu nichts.

[57]

Der Ruhm fiele ganz weg, wenn die übrigen würden, was der Gerühmte ist. Absoluten Wert kann nur das haben, was ihn unter allen Umständen behält, also hier, was einer unmittelbar und für sich selbst ist: folglich muß hierin der Wert und das Glück des großen Herzens und des großen Kopfes liegen. Also nicht der Ruhm, sondern das, wodurch man ihn verdient, ist das Wertvolle. [58]

Unter dem vielen Harten und Beklagenswerten des Menschenloses ist keines der geringsten dieses, daß wir da sind, ohne zu wissen, woher, wohin und wozu: wer eben vom Gefühl dieses Übels ergriffen und durchdrungen ist, wird kaum umhinkönnen, einige Erbitterung zu verspüren gegen diejenigen, welche vorgeben, Spezialnachrichten darüber zu haben, die sie unter dem Namen von Offenbarungen uns mitteilen wollen. – Den Herren von der Offenbarung möchte ich raten, heutzutage nicht so viel von der Offenbarung zu reden; sonst ihnen leicht einmal offenbart werden könnte, was eigentlich die Offenbarung ist.

Der aber ist nur noch ein großes Kind, welcher im Ernst glauben kann, daß jemals Wesen, die keine Menschen waren, unserm Geschlecht Aufschlüsse über sein und der Welt Dasein und Zweck gegeben hätten. Es gibt keine andere Offenbarung als die Gedanken der Weisen, wenn auch diese, dem Lose alles Menschlichen gemäß, dem Irrtum unterworfen, auch oft in wunderliche Allegorien und Mythen eingekleidet sind, wo sie dann Religionen heißen. Insofern ist es also einerlei, ob einer im Verlaß auf eigene oder fremde Gedanken lebt und stirbt: denn immer sind es nur menschliche Gedanken, denen er vertraut, und menschliches Bedünken. Jedoch haben die Menschen in der Regel die Schwäche, lieber andern, welche übernatürliche Quellen vorgeben, als ihrem eigenen Kopfe zu trauen. Fassen wir nun aber die so überaus große intellektuelle Ungleichheit zwischen Mensch und Mensch ins Auge, so könnten allenfalls wohl die Gedanken des einen dem andern gewissermaßen als Offenbarungen gelten. [59]

In der Einsamkeit, wo jeder auf sich selbst zurückgewiesen ist, da zeigt sich, was er *an sich selber* hat: da seufzt der Tropf im Purpur unter der unabwälzbaren Last seiner armseligen Individualität; während der Hochbegabte die ödeste Umgebung mit seinen Gedanken bevölkert und belebt. [60]

Wie das Land am glücklichsten ist, welches weniger oder keiner Einfuhr bedarf; so auch der Mensch, der an seinem innern Reichtum genug hat und zu seiner Unterhaltung wenig oder nichts von außen nötig hat; da dergleichen Zufuhr viel kostet, abhängig macht, Gefahr bringt, Verdruß verursacht und am Ende doch nur ein schlechter Ersatz ist für die Erzeugnisse des eigenen Bodens. Denn von andern, von außen überhaupt, darf man in keiner Hinsicht viel erwarten. Was einer dem andern sein kann, hat seine sehr engen Grenzen: am Ende bleibt doch jeder allein, und da kommt es darauf an, *wer* jetzt allein sei. [61]

Wenn wir uns in die Betrachtung der unendlichen Größe der Welt in Raum und Zeit verlieren, den verflossenen Jahrtausenden und den kommenden nachsinnen – oder auch, wenn der nächtliche Himmel uns zahllose Welten wirklich vor Augen bringt und so die Unermeßlichkeit der Welt auf das Bewußtsein eindringt – so fühlen wir uns selbst zu nichts verkleinert, fühlen uns als Individuum, als belebter Leib, als vergängliche Willenserscheinung wie ein Tropfen im Ozean dahinschwinden, ins Nichts zerfließen. Aber zugleich erhebt sich gegen solches Gespenst unserer eigenen Nichtigkeit, gegen solche lügende Unmöglichkeit das unmittelbare Bewußtsein, daß alle diese Welten ja nur in unserer Vorstellung dasind, nur als Modifikationen des ewigen Subjekts des reinen Erkennens, als welches wir uns finden, sobald wir die Individualität vergessen, und welches der notwendige, der bedingende Träger aller Welten und aller Zeiten ist. Die Größe der Welt, die uns vorher beunruhigte, ruht jetzt in uns: unsere Abhängigkeit von ihr wird aufgehoben durch ihre Abhängigkeit von uns. – Dieses alles kommt jedoch nicht sofort in die Reflexion, sondern zeigt sich als ein nur gefühltes Bewußtsein, daß man in irgendeinem Sinne (den allein die Philosophie deutlich macht) mit der Welt eines ist und daher durch ihre

Unermeßlichkeit nicht niedergedrückt, sondern gehoben wird. [62]

Ich stand vor einer von rücksichtslosem Fuß getretenen Lücke im reifenden Kornfeld. Da sah ich zwischen den zahllosen einander ganz gleichen schnurgeraden, die volle schwere Ähre tragenden Halmen eine Mannigfaltigkeit blauer, roter und violetter Blumen, die in ihrer Natürlichkeit mit ihrem Blätterwerk gar schön anzusehn waren. Aber, dachte ich, sie sind unnütz, unfruchtbar und eigentlich bloßes Unkraut, das hier nun geduldet wird, weil man es nicht loswerden kann. Dennoch sind sie es allein, die diesem Anblick Schönheit und Reiz verleihen. So ist denn in jeder Hinsicht ihre Rolle dieselbe, welche die Poesie und die schönen Künste im ernsten, nützlichen und fruchtbringenden bürgerlichen Leben spielen; daher sie als Sinnbild dieser betrachtet werden können. [63]

Für dich mußt du denken

Nur das Licht, welches einer sich selber angezündet hat, leuchtet nachmals auch andern. – Für dich mußt du denken, wenn du für alle gedacht haben willst. [64]

Das bloße Wollen und auch Können an sich ist noch nicht zureichend, sondern ein Mensch muß auch *wissen*, was er will, und *wissen*, was er kann: erst so wird er Charakter zeigen, und erst dann kann er etwas Rechtes vollbringen. [65]

Abends, sobald das Licht brennt, sieht der Verstand wie das Auge nicht so klar wie bei Tage: daher diese Zeit nicht zur Meditation ernster, zumal unangenehmer Angelegenheiten geeignet ist. Hiezu ist der Morgen die rechte Zeit; wie er es überhaupt zu allen Leistungen ohne Ausnahme, sowohl den geistigen wie den körperlichen, ist. Denn der Morgen ist die Jugend des Tages: alles ist heiter, frisch und leicht; wir fühlen uns kräftig und haben alle unsere Fähigkeiten zu völliger Disposition: man soll ihn nicht durch spätes Aufstehn verkürzen noch auch an unwürdige Beschäftigungen oder Gespräche verschwenden, sondern ihn als die Quintessenz des Lebens betrachten und gewissermaßen heilighalten. Hingegen ist der Abend das Alter des Tages: wir sind abends matt, geschwätzig und leichtsinnig. Jeder Tag ist ein kleines Leben, zu welchem das Erwachen die Geburt ist und welches durch den Schlaf als Tod beschlossen wird. [66]

Der Geist ist seiner Natur nach ein Freier, kein Frönling: nur, was er von selbst und gern tut, gerät. [67]

Jeden Morgen beim Erwachen ist das Bewußtsein eine tabula rasa, die sich aber schnell wieder füllt. Zunächst nämlich ist es die jetzt wieder eintretende Umgebung des vorigen Abends, welche uns an das erinnert, was wir unter eben dieser Umgebung gedacht haben: daran knüpfen sich die Ereignisse des vorigen Tages, und so ruft ein Gedanke schnell den andern hervor, bis alles, was uns gestern beschäftigte, wieder da ist. Darauf, daß dies gehörig geschehe, beruht die Gesundheit des Geistes. [68]

Haben wir erforscht, wo unsere Stärken und wo unsere Schwächen liegen; so werden wir auch unsere hervorstechenden natürlichen Anlagen ausbilden, gebrauchen, auf alle Weise zu nutzen suchen und immer uns dahin wenden, wo diese taugen und gelten, aber durchaus und mit Selbstüberwindung die Bestrebungen vermeiden, zu denen wir von Natur geringe Anlagen haben; werden uns hüten, das zu versuchen, was uns doch nicht gelingt. Nur wer dahin gelangt, wird stets mit voller Besonnenheit ganz er selbst sein und wird nie von sich selbst im Stiche gelassen werden, weil er immer wußte, was er sich selber zumuten konnte. Er wird alsdann oft der Freude teilhaftig werden, seine Stärken zu fühlen, und selten den Schmerz erfahren, an seine Schwächen erinnert zu werden, welches letztere Demütigung ist, die vielleicht den größten Geistesschmerz verursacht. [69]

Genau genommen bezeichnet *Klugheit* ausschließlich den im Dienste des Willens stehenden Verstand. [70]

Es ist nicht leicht, sich durch *Begriffe* allein bestimmen zu lassen: auch auf das stärkste Gemüt dringt die vorliegende nächste Außenwelt mit ihrer anschaulichen Realität gewaltsam ein. Aber eben in der Besiegung dieses Eindrucks, in der Vernichtung seines Gaukelspiels, zeigt der Menschengeist seine Würde und Größe. So, wenn die Reizungen zu Lust und Genuß ihn ungerührt lassen oder das Drohen und Wüten ergrimmter Feinde ihn nicht erschüttern; das Flehen irrender Freunde seinen Entschluß nicht wanken macht; die Truggestalten, mit denen verabredete Intrigen ihn umstellen, ihn unbewegt lassen; der Hohn der Toren und des Pöbels ihn nicht aus der Fassung bringt noch irremacht an seinem eigenen Wert. [71]

Was einer ist, in welcher Art und Weise es auch sei, das ist er zuvörderst und hauptsächlich für sich selbst: und wenn es hier nicht viel wert ist, so ist es überhaupt nicht viel. [72]

Der Verstand ist keine extensive, sondern eine intensive Größe: daher kann hierin einer es getrost gegen zehntausend aufnehmen und gibt eine Versammlung von tausend Dummköpfen noch keinen gescheuten Mann. [73]

Was für die äußere Körperwelt das Licht, das ist für die innere Welt des Bewußtseins der Intellekt. – In kühner Metapher ließe sich sogar sagen: das Leben ist bekanntlich ein Verbrennungsprozeß, die bei demselben stattfindende Lichtentwicklung ist der Intellekt. [74]

Die Individualität überwiegt bei weitem die Nationalität, und in einem gegebenen Menschen verdient jene tausendmal mehr Berücksichtigung als diese. [75]

In der Gelehrtenrepublik gelten die politischen Grenzen so wenig wie in der physischen Geographie. [76]

Alles *Verstehn* ist ein Akt des *Vorstellens.* [77]

Die Leute, welche ihr Leben mit Lesen zugebracht und ihre Weisheit aus Büchern geschöpft haben, gleichen denen, welche aus vielen Reisebeschreibungen sich genaue Kunde von einem Lande erworben haben. Diese können über vieles Auskunft erteilen: aber im Grunde haben sie doch keine zusammenhängende, deutliche, gründliche Kenntnis von der Beschaffenheit des Landes. Hingegen die, welche ihr Leben mit Denken zugebracht haben, gleichen solchen, die selbst in jenem Lande gewesen sind: sie allein wissen eigentlich, wovon die Rede ist, kennen die Dinge dort im Zusammenhang und sind wahrhaft darin zu Hause. [78]

Wie die zahlreichste Bibliothek, wenn ungeordnet, nicht so viel Nutzen schafft als eine sehr mäßige, aber wohlgeordnete; ebenso ist die größte Menge von Kenntnissen, wenn nicht eigenes Denken sie durchgearbeitet hat, viel weniger wert als eine weit geringere, die aber vielfältig durchdacht worden. Denn erst durch das allseitige Kombinieren dessen, was man weiß, durch das Vergleichen jeder Wahrheit mit jeder andern eignet man sein eigenes Wissen sich vollständig an und bekommt es in seine Gewalt. Durchdenken kann man nur, was man weiß; daher man etwas lernen soll: aber man weiß auch nur, was man durchdacht hat. [79]

Das Gewissen ist nur die aus der eigenen Handlungsweise entstehende und immer intimer werdende Bekanntschaft mit dem eigenen Selbst. [80]

Es ergeht uns im Leben wie dem Wanderer, vor welchem, indem er vorwärts schreitet, die Gegenstände andere Gestalten annehmen, als die sie von ferne zeigten, und sich gleichsam verwandeln, indem er sich nähert. Besonders geht es mit unsern Wünschen so. Oft finden wir etwas ganz anderes, ja Besseres, als wir suchten; oft auch das Gesuchte selbst auf einem ganz andern Wege, als den wir zuerst vergeblich danach eingeschlagen hatten. –

Man kann in diesem Sinne auch sagen, es gehe uns wie den Alchimisten, welche, indem sie nur Gold suchten, Schießpulver, Porzellan, Arzeneien, ja Naturgesetze entdeckten. – Vorzügliche und edle Menschen werden jener Erziehung des Schicksals bald inne und fügen sich bildsam und dankbar in dieselbe: sie sehn ein, daß in der Welt wohl Belehrung, aber nicht Glück zu finden sei, werden es sonach gewohnt und zufrieden, Hoffnungen gegen Einsichten zu vertauschen. [81]

Die *Vernunft* verdient auch ein *Prophet* zu heißen – hält sie uns doch das Zukünftige vor, nämlich als dereinstige Folge und Wirkung unsers gegenwärtigen Tuns. Dadurch eben ist sie geeignet, uns im Zaum zu halten, wann Begierden der Wollust oder Aufwallungen des Zorns oder Gelüste der Habsucht uns verleiten wollen zu dem, was künftig bereut werden müßte. [82]

Alles Urdenken geschieht in Bildern. [83]

In allem, was unser Wohl und Wehe betrifft, sollen wir *die Phantasie im Zügel halten:* also zuvörderst keine Luftschlösser bauen; weil diese zu kostspielig sind, indem wir gleich darauf sie unter Seufzern wieder einzureißen haben. Aber noch mehr sollen wir uns hüten, durch das Ausmalen bloß möglicher Unglücksfälle unser Herz zu ängstigen. –

Haben wir uns den schwarzen Phantasien überlassen; so haben sie uns Bilder nahegebracht, die nicht so leicht wieder weichen: denn die Möglichkeit der Sache im allgemeinen steht fest, und den Maßstab des Grades derselben vermögen wir nicht jederzeit anzulegen: sie wird nun leicht zur Wahrscheinlichkeit, und wir haben uns der Angst in die Hände geliefert. Daher also sollen wir die Dinge, welche unser Wohl und Wehe betreffen, bloß mit dem Auge der Vernunft und der Urteilskraft betrachten. – Die Phantasie soll dabei aus dem Spiel bleiben: denn urteilen kann sie nicht; sondern bringt bloße Bilder vor die Augen, welche das Gemüt unnützer- und oft sehr peinlicherweise bewegen. Am strengsten sollte diese Regel abends beobachtet werden. Denn wie die Dunkelheit uns furchtsam macht und uns überall Schreckensgestalten erblicken läßt, so wirkt ihr analog die Undeutlichkeit der Gedanken; weil jede Ungewißheit Unsicherheit gebiert. [84]

Kein Geld ist vorteilhafter angewandt als das, um welches wir uns haben prellen lassen: denn wir haben dafür unmittelbar Klugheit eingehandelt. [85]

Die *unmittelbare* Realität ist durch eigenes Bewußtsein bedingt. Also liegt auch das individuelle reale Dasein des Menschen zunächst in seinem *Bewußtsein.* [86]

Der Eintritt lebhafter, eindringender, wertvoller Gedanken ist mehr die Folge günstiger *innerer* als äußerer Bedingungen. [87]

Haben wir über das Unerreichbare uns zufrieden gegeben; so entgehn wir dadurch am sichersten, soweit es unsere Individualität zuläßt, dem bittersten aller Leiden, der Unzufriedenheit mit uns selbst, welche die unausbleibliche Folge der Unkenntnis der eigenen Individualität, des falschen Dünkels und daraus entstandener Vermessenheit ist. [88]

Gute, ernste Gedanken über würdige Gegenstände lassen sich nicht zu jeder Zeit willkürlich heraufbeschwören; alles, was wir tun können, ist, ihnen den Weg freizuhalten durch Verscheuchung aller futilen, läppischen und gemeinen Ruminationen und Abwendung von allen Flausen und Possen. Man kann daher sagen, daß, um etwas Gescheutes zu denken, das nächste Mittel sei, nichts Abgeschmacktes zu denken. Man lasse den guten Gedanken nur den Plan frei: sie werden kommen. Eben deshalb soll man auch nicht in jedem unbeschäftigten Augenblick sogleich nach einem Buche greifen, sondern lasse es doch einmal stille werden im Kopf: dann kann sich leicht etwas Gutes darin erheben. [89]

Nur wer echte eigene Gedanken hat, hat echten Stil. [90]

Vom Schlechten kann man nie zu wenig und das Gute nie zu oft lesen. Schlechte Bücher sind intellektuelles Gift: sie verderben den Geist.

Um das Gute zu lesen, ist eine Bedingung, daß man das Schlechte nicht lese: denn das Leben ist kurz, Zeit und Kräfte beschränkt. [91]

Es ist mit Gedanken wie mit Menschen: man kann nicht immer nach Belieben sie rufen lassen, sondern muß abwarten, daß sie kommen. [92]

Was intuitiv, was in concreto erkannt wurde, läßt die Vernunft abstrakt und allgemein erkennen. Dies ist aber ungleich wichtiger, als es, so ausgedrückt, dem ersten Blicke scheint. Denn alles sichere Aufbewahren, alle Mitteilbarkeit und alle sichere und weitreichende Anwendung der Erkenntnis auf das Praktische hängt davon ab, daß sie ein Wissen, eine abstrakte Erkenntnis geworden sei. Die intuitive Erkenntnis gilt immer nur vom einzelnen Fall, geht nur auf das Nächste und bleibt bei diesem stehn, weil Sinnlichkeit und Verstand eigentlich nur *ein* Objekt zur Zeit auffassen können. Jede anhaltende, zusammengesetzte, planmäßige Tätigkeit muß daher von Grundsätzen, also von einem abstrakten Wissen ausgehn und danach geleitet werden. [93]

Im Grunde haben nur die eigenen Grundgedanken Wahrheit und Leben; denn nur sie versteht man recht eigentlich und ganz. – Zum eigenen in uns aufsteigenden Gedanken verhält der fremde gelesene sich wie der Abdruck einer Pflanze der Vorwelt im Stein zur blühenden Pflanze des Frühlings. [94]

Der Sensibilität gehören unsere Erkenntniskräfte an: daher befähigt das Überwiegen derselben zu den im *Erkennen* bestehenden, also den sogenannten *geistigen* Genüssen. – Dem normalen, gewöhnlichen Menschen kann eine Sache allein dadurch lebhafte Teilnahme abgewinnen, daß sie seinen *Willen* anregt, also ein persönliches Interesse für ihn hat. – Der Mensch von überwiegenden Geisteskräften hingegen ist der lebhaftesten Teilnahme auf dem Wege bloßer *Erkenntnis* ohne alle Einmischung des Willens fähig, ja bedürftig. [95]

Die Anwendung der Vernunft auf das Praktische leistet zunächst dies, daß sie das Einseitige und Zerstückelte der bloß anschauenden Erkenntnis wieder zusammensetzt und die Gegensätze, welche diese darbietet, als Korrektionen zu einander gebraucht, wodurch das objektiv richtige Resultat gewonnen wird, z.B. fassen wir die schlechte Handlung eines Menschen ins Auge, so werden wir ihn verdammen; hingegen, bloß die Not, die ihn dazu bewogen, betrachtend, ihn bemitleiden: die Vernunft mittelst ihrer Begriffe erwägt beides. [96]

Wann einmal gründliche Erkenntnis und eigene Überzeugung gewonnen ist, wird es an der Kraft zum Aussprechen derselben niemals fehlen. [97]

Das Erkennen ist um so reiner und folglich um so objektiver und richtiger, je mehr es sich vom Willen losgemacht hat; wie die Frucht die beste ist, welche keinen Beigeschmack vom Boden hat, auf dem sie gewachsen. [98]

Indem wir im Zustande des reinen Erkennens beharren, tritt das Gefühl des Erhabenen deutlich hervor. [99]

Der Blick des Forschers muß sich nach innen wenden: denn die intellektuellen und ethischen Probleme sind wichtiger als die physischen. [100]

Jeder Mensch hat gar vielen und großen Zwang von außen zu erdulden, ohne welchen es in keinem Leben abgeht; jedoch ein kleiner, an der rechten Stelle angebrachter Selbstzwang beugt nachmals vielem Zwange von außen vor. – Durch nichts entziehen wir uns so sehr dem Zwange von außen wie durch Selbstzwang. [101]

Dem, der studiert, um *Einsicht* zu erlangen, sind die Bücher und Studien bloß Sprossen der Leiter, auf der er zum

Gipfel der Erkenntnis steigt: sobald eine Sprosse ihn um einen Schritt gehoben hat, läßt er sie liegen. Die vielen hingegen, welche studieren, um ihr Gedächtnis zu füllen, benutzen nicht die Sprossen der Leiter zum Steigen, sondern nehmen sie ab und laden sie sich auf, um sie mitzunehmen, sich freuend an der zunehmenden Schwere der Last. Sie bleiben ewig unten, da sie das tragen, was sie hätte tragen sollen. [102]

Was Denker vor uns schon gefunden haben, unabhängig von ihnen und ehe man es weiß, aus eigenen Mitteln selbst zu finden ist von großem Wert und Nutzen. Denn das Selbstgedachte versteht man viel gründlicher als das Erlernte und erhält, wenn man es nachmals bei jenen Frühern findet, unverhofft eine stark für die Wahrheit desselben zeugende Bestätigung durch fremde, anerkannte Auktorität, wodurch man sodann Zuversicht und Standhaftigkeit gewinnt, es gegen jeden Widerspruch zu verfechten.

Hingegen wenn man etwas zuerst in Büchern gefunden hat, dann aber auch durch eigenes Nachdenken dasselbe Resultat erlangt; so weiß man doch nie gewiß, daß man dieses selbst gedacht und geurteilt und nicht bloß jenen Früheren nachgesprochen oder nachempfunden habe. – Wenn zwei, jeder für sich, rechnen und dasselbe Resultat erhalten, so ist dies ein sicheres; nicht aber, wenn die Rechnung des einen von einem andern bloß durchgesehn worden. [103]

Wer die Menschheit ihrem innern, in allen Erscheinungen und Entwickelungen identischen Wesen, ihrer Idee nach erkennen will, dem werden die Werke der großen unsterblichen Dichter ein viel treueres und deutlicheres Bild vorhalten, als die Historiker je vermögen. [104]

Die Kunst besteht darin, daß man mit dem möglichst geringsten Aufwand von äußerm Leben das innere in die stärkste Bewegung bringe: denn das innere ist eigentlich Gegenstand unsers Interesses. [105]

Wie die Sonne eines Auges bedarf, um zu leuchten, die Musik eines Ohres, um zu tönen; so ist auch der Wert aller Meisterwerke in Kunst und Wissenschaft bedingt durch den verwandten ihnen gewachsenen Geist, zu dem sie reden. Nur er besitzt das Zauberwort, wodurch die in solche Werke gebannten Geister rege werden und sich zeigen. Der gemeine Kopf steht vor ihnen wie vor einem verschlossenen Zauberschrank oder vor einem Instrumente, das er nicht zu spielen versteht, dem er daher nur ungeregelte Töne entlockt – wie gern er auch hierüber sich selber täuscht. Und wie dasselbe Ölgemälde, gesehn in einem finstern Winkel oder aber, wann die Sonne darauf scheint – so verschieden ist der Eindruck desselben Meisterwerks nach Maßgabe des Kopfes, der es auffaßt. Demnach bedarf ein schönes Werk eines empfindenden Geistes, ein gedachtes Werk eines denkenden Geistes, um wirklich dazusein und zu leben. [106]

Sehr treffend hat man das Entstehn des Grundgedankens zu einem Kunstwerk die *Konzeption* desselben genannt: denn sie ist, wie zum Entstehn des Menschen die Zeugung, das Wesentlichste. Und auch wie diese erfordert sie nicht sowohl Zeit als Anlaß und Stimmung. – Und eben auch wie bei der physischen Zeugung hängt die Fruchtbarkeit viel mehr vom weiblichen als vom männlichen Teile ab: ist jener (das Subjekt) in der zum Empfangen geeigneten Stimmung, so wird fast jedes jetzt in seine Apperzeption fallende Objekt anfangen, mit ihm zu reden, d. h. einen lebhaften, eindringenden und originellen Gedanken in ihm erzeugen; daher bisweilen der Anblick eines unbedeutenden Gegenstandes oder Vorganges der Keim eines großen und schönen Werkes geworden ist. [107]

Es gibt keine größere Erquickung für den Geist als die Lektüre der alten Klassiker: sobald man irgendeinen von ihnen, und wäre es auch nur auf eine halbe Stunde, in die Hand genommen hat, fühlt man alsbald sich erfrischt, erleichtert, gereinigt, gehoben und gestärkt; nicht anders, als hätte man an der frischen Felsenquelle sich gelabt. [108]

Der Stil ist die Physiognomie des Geistes. Sie ist untrüglicher als die des Leibes. Fremden Stil nachahmen heißt eine Maske tragen. –

Affektation im Stil ist dem Gesichterschneiden zu vergleichen. [109]

Die *Musik* ist die wahre allgemeine Sprache, die man überall versteht. [110]

Das unaussprechlich Innige aller Musik, vermöge dessen sie als ein so ganz vertrautes und doch ewig fernes Paradies an uns vorüberzieht, so ganz verständlich und doch so unerklärlich ist, beruht darauf, daß sie alle Regungen unsers innersten Wesens wiedergibt, aber ganz ohne die Wirklichkeit und fern von ihrer Qual. [111]

Wir können die erscheinende Welt oder die Natur und die Musik als zwei verschiedene Ausdrücke derselben Sprache ansehn. – Die Musik ist, wenn als Ausdruck der Welt angesehn, eine im höchsten Grad allgemeine Sprache. [112]

Allgemein und zugleich populär redend, kann man den Ausspruch wagen: die Musik ist überhaupt die Melodie, zu der die Welt der Text ist. [113]

Die Musik gibt den innersten aller Gestaltung vorhergängigen Kern oder das Herz der Dinge. [114]

Die Wirkung der Musik ist sehr viel mächtiger und eindringlicher als die der andern Künste: denn diese reden nur vom Schatten, sie aber vom Wesen. [115]

Nicht bloß die Philosophie, sondern auch die schönen Künste arbeiten im Grunde darauf hin, das Problem des Daseins zu lösen. Denn in jedem Geiste, der sich einmal der rein objektiven Betrachtung der Welt hingibt, ist, wie versteckt und unbewußt es auch sein mag, ein Streben rege geworden, das wahre Wesen der Dinge, des Lebens, des Daseins zu erfassen. – ›Was ist das Leben?‹ – Diese Frage beantwortet jedes echte und gelungene Kunstwerk auf seine Weise völlig richtig. Allein die Künste reden sämtlich nur die naive und kindliche Sprache der *Anschauung*, nicht die abstrakte und ernste der *Reflexion*. – Also für die *Anschauung* beantwortet jedes Kunstwerk jene Frage, jedes Gemälde, jede Statue, jedes Gedicht, jede Szene auf der Bühne: auch die Musik beantwortet sie; und zwar tiefer als alle andern, indem sie in einer ganz unmittelbar verständlichen Sprache, die jedoch in die der Vernunft nicht übersetzbar ist, das innerste Wesen alles Lebens und Daseins ausspricht. [116]

Die Anschauung ist sich selber genug; daher, was rein aus ihr entsprungen und ihr treu geblieben ist, wie das echte Kunstwerk niemals falsch sein noch durch irgendeine Zeit widerlegt werden kann: denn es gibt keine Meinung, sondern die Sache selbst. [117]

Zu fast jeder Zeit ist, wie in der Kunst, so auch in der Literatur, irgendeine falsche Grundansicht oder Weise oder Manier im Schwange und wird bewundert. Die gemeinen Köpfe sind eifrig bemüht, solche sich anzueignen und sie zu üben. Der Einsichtige erkennt und verschmäht sie: er bleibt außer der Mode. [118]

Lesen soll man nur dann, wann die Quelle der eignen Gedanken stockt. Hingegen die eignen urkräftigen Gedanken in ihrem Laufe hemmen, um ein Buch zu Hand zu nehmen, ist Sünde wider den heiligen Geist. [119]

Die ästhetische Freude am Schönen besteht einem großen Teile nach darin, daß wir, in den Zustand der reinen Kontemplation tretend, für den Augenblick allem Wollen, d. h. allen Wünschen und Sorgen enthoben, gleichsam uns selbst loswerden. – Und wir wissen, daß diese Augenblicke, wo wir, vom grimmen Willensdrange erlöst, gleichsam aus dem schweren Erdenäther auftauchen, die Seligsten sind, welche wir kennen. Hieraus können wir abnehmen, wie selig das Leben eines Menschen sein muß, dessen Wille nicht auf Augenblicke wie beim Genuß des Schönen, sondern auf immer beschwichtigt sei. – Ein solcher Mensch, der nach vielen bitteren Kämpfen gegen seine eigene Natur endlich ganz überwunden hat, ist nur noch als erkennendes Wesen, als ungetrübter Spiegel der Welt übrig. – Er blickt nun ruhig und lächelnd zurück auf die Gaukelbilder dieser Welt, die einst auch sein Gemüt zu bewegen und zu peinigen vermochten, die aber jetzt so gleichgültig vor ihm stehn wie die Schachfiguren nach geendigtem Spiel oder wie am Morgen die abgeworfenen Maskenkleider, deren Gestalten uns in der Faschingsnacht neckten und beunruhigten. [120]

Der ungeteilte Wille zum Leben

In jedem lebenden Wesen ist das ganze *Zentrum* der Welt. [121]

Selbst im kleinsten Insekt ist der Wille vollkommen und ganz vorhanden: es will, was es will, so entschieden und vollkommen wie der Mensch. [122]

Wenn man betrachtet, wie in jedem *Menschengesicht* etwas so ganz Ursprüngliches, so durchaus Originelles liegt und dasselbe eine Ganzheit zeigt, welche nur einer aus lauter notwendigen Teilen bestehenden Einheit zukommen kann, vermöge welcher wir ein bekanntes Individuum aus so vielen Tausenden selbst nach langen Jahren wiedererkennen – so muß man bezweifeln, daß etwas von so wesentlicher Einheit und so großer Ursprünglichkeit je aus einer andern Quelle hervorgehn könne als aus den geheimnisvollen Tiefen des Innern der Natur. [123]

Der einzige Weg des Heils ist dieser, daß der Wille ungehindert erscheine, um in dieser Erscheinung sein eigenes Wesen *erkennen* zu können. Nur infolge dieser Erkenntnis kann der Wille sich selbst aufheben und damit auch das Leiden, welches von seiner Erscheinung unzertrennlich ist, endigen: nicht aber ist dies durch physische Gewalt wie Zerstörung des Keims oder Tötung des Neugeborenen oder Selbstmord möglich. Die Natur führt eben den Willen zum Lichte, weil er nur am Lichte seine Erlösung finden kann. Daher sind die Zwecke der Natur auf alle Weise zu befördern, sobald der Wille zum Leben, der ihr inneres Wesen ist, sich entschieden hat. [124]

Instinktmäßig sind wir mehr zur Hoffnung als zur Besorgnis geneigt; wie unsere Augen von selbst sich dem Lichte, nicht der Finsternis zukehren. [125]

Das Anschauen ist die ursprüngliche, von der tierischen Natur unzertrennliche Erkenntnisweise, in der sich alles, was dem Willen unmittelbares Genügen gibt, darstellt: es ist das Medium der Gegenwart, des Genusses und der Fröhlichkeit: auch ist dasselbe mit keiner Anstrengung verknüpft. Vom Denken gilt das Gegenteil. [126]

Das Leben und die Träume sind Blätter eines und des nämlichen Buches. [127]

Den Anblick einer schönen Landschaft so überaus erfreulich zu machen trägt unter anderm auch die durchgängige *Wahrheit und Konsequenz* der Natur bei. – Hier zeigt sich alles so durchgängig folgerecht, genau regelrecht, zusammenhängend und skrupellos richtig: hier gibt es keine Winkelzüge. – Aus diesem Vorzug des Anblicks der schönen Natur ist zunächst das Harmonische und durchaus Befriedigende seines Eindrucks zu erklären, dann aber auch die günstige Wirkung, welche derselbe auf unser gesamtes Denken hat, als welches dadurch in seinem formalen Teil richtiger gestimmt und gewissermaßen geläutert wird, indem jenes allein ganz tadellose Gehirnphänomen des Gehirns überhaupt in eine völlig normale Aktion versetzt und nun das Denken im Konsequenten, Zusammenhängenden, Regelrechten und Harmonischen aller seiner Prozesse jene Methode der Natur zu befolgen sucht, nachdem es durch sie in den rechten Schwung gebracht worden. Eine schöne Aussicht ist daher ein Kathartikon des Geistes wie die Musik – und in ihrer Gegenwart wird man am richtigsten denken. [128]

Den Menschen ausgenommen, wundert sich kein Wesen über sein eigenes Dasein; sondern ihnen allen versteht dasselbe sich so sehr von selbst, daß sie es nicht bemerken. Aus der Ruhe des Blickes der Tiere spricht noch die Weisheit der Natur; weil in ihnen der Wille und der Intellekt noch nicht weit genug auseinandergetreten sind, um bei ihrem Wiederbegegnen sich über einander verwundern zu können. So hängt hier die ganze Erscheinung noch fest am Stamme der Natur, dem sie entsprossen, und ist der unbewußten Allwissenheit der großen Mutter teilhaft. [129]

Eben dieses den Tieren eigene *gänzliche Aufgehn in der Gegenwart* trägt viel bei zu der Freude, die wir an unsern Haustieren haben: sie sind die personifizierte Gegenwart und machen uns gewissermaßen den Wert jeder unbeschwerten und ungetrübten Stunde fühlbar, während wir mit unsern Gedanken meistens über diese hinausgehn und sie unbeachtet lassen. [130]

Die Tiere erscheinen, mit uns verglichen, in *einem* Betracht wirklich weise, nämlich im ruhigen, ungetrübten

Genusse der Gegenwart. Das Tier ist die verkörperte Gegenwart: die augenscheinliche Gemütsruhe, deren es dadurch teilhaft ist, beschämt oft unsern durch Gedanken und Sorgen häufig unruhigen und unzufriedenen Zustand.

[131]

Wenn wir irgendein Naturwesen, z. B. ein Tier, in seinem Dasein, Leben und Wirken anschauen und betrachten; so steht es trotz allem, was Zoologie und Zootomie darüber lehren, als ein unergründliches Geheimnis vor uns. Aber sollte denn die Natur aus bloßer Verstocktheit ewig vor unserer Frage verstummen? Ist sie nicht wie alles Große offen, mitteilend und sogar naiv? Kann daher ihre Antwort je aus einem andern Grunde fehlen, als weil die Frage verfehlt war, schief war, von falschen Voraussetzungen ausging oder gar einen Widerspruch herbergte? Denn läßt es sich wohl denken, daß es einen Zusammenhang von Gründen und Folgen da geben könne, wo er ewig und wesentlich unentdeckt bleiben muß? – Gewiß, das alles nicht, sondern das Unergründliche ist es darum, weil wir nach Gründen und Folgen forschen auf einem Gebiete, dem diese Form fremd ist, und wir also der Kette der Gründe und Folgen auf einer ganz falschen Fährte nachgehn. [132]

Ganz naiv spricht die Natur selbst die große Wahrheit aus, daß nur die Ideen, nicht die Individuen eigentliche Realität haben. – Da nun der Mensch die Natur selbst, und zwar im höchsten Grade ihres Selbstbewußtseins ist – so mag er, wenn er diesen Gesichtspunkt gefaßt hat und dabei stehnbleibt, allerdings mit Recht sich über seinen und seiner

Freunde Tod trösten durch den Rückblick auf das unsterbliche Leben der Natur, die er selbst ist. [133]

Der *Wille* zum Leben, wie er den innersten Kern alles Lebenden ausmacht, stellt sich am unverschleiertsten dar und läßt daher sich seinem Wesen nach am deutlichsten beobachten und betrachten an den obersten, also klügsten Tieren. – Welchen eigentümlichen Genuß gewährt doch der Anblick eines jeden freien Tieres, wenn es ungehindert für sich allein sein Wesen treibt, seiner Nahrung nachgeht oder seine Jungen pflegt oder zu andern seinesgleichen sich gesellt usw. – dabei so ganz, was es sein soll und kann. Und sei es nur ein Vögelein, ich kann ihm lange mit Vergnügen zusehn – ja einer Wasserratte, einem Frosch, doch lieber einem Igel, einem Wiesel, einem Reh oder Hirsch! – Daß uns der Anblick der Tiere so sehr ergötzt, beruht hauptsächlich darauf, daß es uns freut, unser eigenes Wesen so sehr *vereinfacht* vor uns zu sehn. [134]

Das Lachen ist ein Vorrecht und charakteristisches Merkmal des Menschen. Jedoch hat, beiläufig gesagt, auch sein einziger Freund, der Hund, einen analogen, ihm allein eigenen und charakteristischen Akt vor allen andern Tieren voraus, nämlich das so ausdrucksvolle, wohlwollende und grundehrliche Wedeln. Wie vorteilhaft sticht doch diese ihm von der Natur eingegebene Begrüßung ab gegen die Bücklinge und grinzenden Höflichkeitsbezeugungen der Menschen, deren Versicherung inniger Freundschaft und Ergebenheit es an Zuverlässigkeit wenigstens für die Gegenwart tausendmal übertrifft. [135]

Betrachtung und Beobachtung jedes *Wirklichen* ist, sobald es irgend etwas dem Beobachter Neues darbietet, belehrender als alles Lesen und Hören. Denn sogar ist, wenn wir auf den Grund gehn, in jedem Wirklichen alle Wahrheit und Weisheit, ja das letzte Geheimnis der Dinge enthalten, freilich eben nur in concreto und so, wie das Gold im Erze steckt: es kommt darauf an, es herauszuziehn. [136]

Die objektive Welt ist nicht die einzige, sondern nur die eine, gleichsam die äußere Seite der Welt, welche noch eine ganz und gar andere Seite hat, die ihr innerstes Wesen, ihr Kern, das Ding an sich ist: Wille. [137]

Ich fand eine Feldblume, bewunderte ihre Schönheit, ihre Vollendung in allen Teilen und rief aus: ›Aber alles dieses in ihr und Tausenden ihresgleichen prangt und verblüht, von niemandem betrachtet, ja oft von keinem Auge auch nur gesehn.‹ – Sie aber antwortete: ›Du Tor! Meinst du, ich blühe, um gesehn zu werden? Meiner und nicht der andern wegen blühe ich, blühe, weil's mir gefällt: darin, daß ich blühe und bin, besteht meine Freude und meine Lust.‹

[138]

Wer unter Menschen zu leben hat, darf keine Individualität, sofern sie doch einmal von der Natur gesetzt und gegeben ist, unbedingt verwerfen; auch nicht die schlechteste, erbärmlichste oder lächerlichste. Er hat sie vielmehr zu nehmen als ein Unabänderliches, welches infolge eines ewigen und metaphysischen Prinzips so sein muß, wie es ist, und in den argen Fällen soll er denken: ›Es muß auch solche Käuze geben.‹ Hält er es anders, so tut er unrecht und fordert den andern heraus zum Kriege auf Tod und Leben. Denn seine eigentliche Individualität, d. h. seinen moralischen Charakter, seine Erkenntniskräfte, sein Temperament, seine Physiognomie usw. kann keiner ändern. – Die Aufgabe ist indessen nicht so leicht, wie sie gerecht ist; und glücklich ist zu schätzen, wer gar manche Individualitäten auf immer meiden darf. [139]

Natürlicher Verstand kann fast jeden Grad von Bildung ersetzen, aber keine Bildung den natürlichen Verstand. [140]

In jedem einzelnen erscheint der ganze ungeteilte Wille zum Leben, das Wesen an sich, und der Mikrokosmos ist dem Makrokosmos gleich. Die Massen haben nicht mehr Inhalt als jeder einzelne. Nicht vom Tun und Erfolg, sondern vom *Wollen* handelt es sich in der Ethik, und das Wollen selbst geht stets nur im Individuo vor. Nicht das Schicksal der Völker, welches nur in der Erscheinung da ist, sondern das des einzelnen entscheidet sich *moralisch*. Die Völker sind eigentlich bloße Abstraktionen: die Individuen allein existieren wirklich. [141]

Jedes animalische Wesen, zumal der Mensch, bedarf, um in der Welt bestehn und fortkommen zu können, einer gewissen Angemessenheit und Proportion zwischen seinem Willen und seinem Intellekt. Je genauer und richtiger nun die Natur diese getroffen hat, desto leichter, sicherer und angenehmer wird er durch die Welt kommen. Inzwischen reicht eine bloße Annäherung zu dem eigentlich richtigen Punkte schon hin, um ihn vor Verderben zu schützen. [142]

Das Moralische ist es, worauf nach dem Zeugnis unsers innersten Bewußtseins alles ankommt: und dieses liegt allein im Individuo als die Richtung seines Willens. In Wahrheit hat nur der Lebenslauf jedes einzelnen Einheit, Zusammenhang und wahre Bedeutsamkeit: er ist als eine Belehrung anzusehn, und der Sinn derselben ist ein moralischer. [143]

Mir hat die Ansicht sehr eingeleuchtet, daß die akuten Krankheiten, von einigen Ausnahmen abgesehn, nichts anderes sind als Heilungsprozesse, welche die Natur selbst einleitet zur Abstellung irgendeiner im Organismus eingerissenen Unordnung. [144]

Nur *die* Heilungen, welche die Natur selbst und aus eigenen Mitteln zustande bringt, sind gründlich. – Die Heilmittel der Ärzte sind meistens bloß gegen die Symptome gerichtet, als welche sie für das Übel selbst halten; daher wir nach einer solchen Heilung uns unbehaglich fühlen. Läßt man hingegen der Natur nur Zeit, so vollbringt sie allmälig selbst die Heilung; nach welcher wir alsdann uns besser befinden als vor der Krankheit oder, wenn ein einzelner Teil litt, dieser sich stärkt. Man kann dies an leichten Übeln, wie sie uns oft heimsuchen, bequem und ohne Gefahr beobachten. Daß es Ausnahmen, also Fälle gibt, wo nur der Arzt helfen kann, gebe ich zu. – Aber bei weitem die meisten

Genesungen sind bloß das Werk der Natur, für welches der Arzt die Bezahlung einstreicht – sogar wenn sie nur seinen Bemühungen zum Trotz gelungen ist. [145]

Im ganzen Innern des Organismus herrscht unaufhörliche, rasche Bewegung: das Herz, in seiner komplizierten doppelten Systole und Diastole, schlägt heftig und unermüdlich; mit 28 seiner Schläge hat es die gesamte Blutmasse durch den ganzen großen und kleinen Kreislauf hindurchgetrieben; die Lunge pumpt ohne Unterlaß wie eine Dampfmaschine; die Gedärme winden sich stets im motus peristalticus; alle Drüsen saugen und sezernieren beständig, selbst das Gehirn hat eine doppelte Bewegung mit jedem Pulsschlag und jedem Atemzug. Wenn nun hiebei, wie es bei der ganz und gar sitzenden Lebensweise unzähliger Menschen der Fall ist, die äußere Bewegung sogut wie ganz fehlt; so entsteht ein schreiendes und verderbliches Mißverhältnis zwischen der äußern Ruhe und dem innern Tumult. [146]

Ohne Bewegung kann kein Mensch gesund bleiben. [147]

Der Leib ist eine sich selbst reparierende Maschine. [148]

Das Bedürfnis des Schlafes steht in geradem Verhältnis zur Intensität des Gehirnlebens, also zur Klarheit des Bewußtseins. – Tiere von bedeutender Intelligenz schlafen tief und lange. Auch Menschen bedürfen um so mehr Schlaf, je entwickelter der Quantität und Qualität nach und je tätiger ihr

Gehirn ist. – Denn je vollkommener einer wach ist, d. h. je klärer und aufgeweckter sein Bewußtsein, desto größer ist für ihn die Notwendigkeit des Schlafes, also desto tiefer und länger schläft er. Vieles Denken oder angestrengte Kopfarbeit wird demnach das Bedürfnis des Schlafes vermehren. Daß auch fortgesetzte Muskelanstrengung schläfrig macht, ist daraus zu erklären, daß bei dieser das Gehirn fortdauernd mittelst der medulla oblongata des Rückenmarks und der motorischen Nerven den Muskeln den Reiz erteilt, der auf ihre Irritabilität wirkt, dasselbe also dadurch seine Kraft erschöpft: die Ermüdung, welche wir in Armen und Beinen spüren, hat demnach ihren eigentlichen Sitz im Gehirn; eben wie der Schmerz, den ebendiese Teile fühlen, eigentlich im Gehirn empfunden wird: denn es verhält sich mit den motorischen wie mit den sensiblen Nerven. Die Muskeln, welche nicht vom Gehirn aktuiert werden, z. B. die des Herzens, ermüden ebendeshalb nicht. Aus demselben Grunde ist es erklärlich, daß man sowohl während als nach großer Muskelanstrengung nicht scharf denken kann. [149]

Im tiefen Schlaf hört alles Erkennen und Vorstellen gänzlich auf. Allein der Kern unsers Wesens darf nie pausieren, wenn nicht das Leben aufhören soll, und ist auch als ein Metaphysisches, mithin Unkörperliches, keiner Ruhe bedürftig. [150]

Im Schlafe, wo bloß das vegetative Leben fortgesetzt wird, wirkt der Wille allein nach seiner ursprünglichen und wesentlichen Natur, ungestört von außen, ohne Abzug seiner

Kraft durch die Tätigkeit des Gehirns und Anstrengung des Erkennens, welches die schwerste organische Funktion, für den Organismus aber bloß Mittel, nicht Zweck ist: daher ist im Schlafe die ganze Kraft des Willens auf Erhaltung und, wo es nötig ist, Ausbesserung des Organismus gerichtet; weshalb alle Heilung, alle wohltätigen Krisen im Schlaf erfolgen. [151]

Schlaflosigkeit ist ein bedenkliches Symptom. Glauben Sie mir, und gehn sie *täglich 2 Stunden allein und rasch* spazieren: das wird helfen, mehr als alle Bäder, und kostet nichts. [152]

Man härte sich dadurch ab, daß man dem Körper sowohl im Ganzen wie in jedem Teile, solange man gesund ist, recht viel Anstrengung und Beschwerde auflege und sich gewöhne, widrigen Einflüssen jeder Art zu widerstehn. Sobald hingegen ein krankhafter Zustand, sei es des Ganzen oder eines Teiles sich kundgibt, ist sogleich das entgegengesetzte Verfahren zu ergreifen und der kranke Leib oder Teil desselben auf alle Weise zu schonen und zu pflegen: denn das Leidende und Geschwächte ist keiner Abhärtung fähig. [153]

Der Muskel wird durch starken Gebrauch gestärkt; der Nerv hingegen dadurch geschwächt. Also übe man seine Muskeln durch jede angemessene Anstrengung, hüte hingegen die Nerven vor jeder; also die Augen vor zu hellem, besonders [vor] reflektiertem Lichte, vor jeder Anstrengung in der Dämmerung, wie auch vor anhaltendem Betrachten zu kleiner Gegenstände; ebenso die Ohren vor zu starkem Geräusch; vorzüglich aber das Gehirn vor gezwungener, zu anhaltender oder unzeitiger Anstrengung; demnach lasse man es ruhen während der Verdauung; weil dann eben dieselbe Lebenskraft, welche im Gehirn Gedanken bildet, im Magen und [in] den Eingeweiden angestrengt arbeitet. [154]

Die Natur will einen bedeutenden und plötzlichen Wärmeverlust möglichst schnell ersetzen, welches dann eben durch Vermehrung der Respiration, als der innern Wärmequelle, geschieht. Das sekundäre Resultat derselben, Vermehrung des arteriellen und Verminderung des venösen Bluts, mag neben der direkten Wirkung auf die Nerven viel Anteil haben an der unvergleichlich klaren, heitern und rein beschaulichen Stimmung, welche die unmittelbare Folge eines kalten Bades zu sein pflegt, und um so mehr, je kälter es war. [155]

Meinungen wechseln nach Zeit und Ort: aber die Stimme der Natur bleibt sich stets und überall gleich, ist daher vor allem zu beachten. [156]

Durchgängig und überall ist das echte Symbol der Natur der Kreis, weil er das Schema der Wiederkehr ist: diese ist in der Tat die allgemeinste Form in der Natur, welche sie in allem durchführt, vom Laufe der Gestirne an bis zum Tod und der Entstehung organischer Wesen, und wodurch allein im rastlosen Strom der Zeit und ihres Inhalts doch ein bestehendes Dasein, d. i. eine Natur möglich wird.

Wenn man im Herbst die kleine Welt der Insekten betrachtet und nun sieht, wie das eine sich sein Bett bereitet, um zu schlafen, den langen, erstarrenden Winterschlaf; das andere sich einspinnt, um als Puppe zu überwintern und einst, im Frühling, verjüngt und vervollkommnet zu erwachen; endlich die meisten, als welche ihre Ruhe in den Armen des Todes zu halten gedenken, bloß ihrem Ei sorgfältig die geeignete Lagerstätte anpassen, um einst aus diesem erneuet hervorzugehn – so ist dies die große Unsterblichkeitslehre der Natur, welche uns beibringen möchte, daß zwischen Schlaf und Tod kein radikaler Unterschied ist, sondern der eine sowenig wie der andere das Dasein gefährdet. [157]

Jedes Wesen ist sein eigenes Werk. Die Natur sagt geradezu dasselbe aus, indem jedes Wesen an einem andern, genau seinesgleichen, nur den Lebensfunken anzündet und dann vor unsern Augen sich selbst macht, den Stoff dazu von außen, Form und Bewegung aus sich selbst nehmend; welches man Wachstum und Entwickelung nennt. So steht auch empirisch jedes Wesen als sein eigenes Werk vor uns. Aber man versteht die Sprache der Natur nicht, weil sie zu einfach ist. [158]

Praktische Vernunft und Güte des Herzens

Um durch die Welt zu kommen, ist es zweckmäßig, einen großen Vorrat von *Vorsicht* und *Nachsicht* mitzunehmen: durch erstere wird man vor Schaden und Verlust, durch letztere vor Streit und Händel geschützt. [159]

Das Handeln, welches richtige Begriffe zur Richtschnur gehabt hat, wird im Resultat mit der beabsichtigten Wirklichkeit zusammentreffen. [160]

Für sein Tun und Lassen darf man keinen andern zum Muster nehmen. – Man muß nach reiflicher Überlegung und scharfem Nachdenken seinem eigenen Charakter gemäß handeln. Also auch im Praktischen ist Originalität unerläßlich: sonst paßt, was man tut, nicht zu dem, was man ist. [161]

Der so überaus wohltätige Einfluß, den eine zurückgezogene Lebensweise auf unsere Gemütsruhe hat, beruht größtenteils darauf, daß eine solche uns dem fortwährenden Leben vor den Augen anderer, folglich der steten Berücksichtigung ihrer etwanigen Meinung entzieht und dadurch uns selber zurückgibt. [162]

Die wirklich gute Gesellschaft ist, überall und notwendig, sehr klein. [163]

Wer im Kleinen rücksichtslos ist, wird im Großen ruchlos sein. – Wer die kleinen Charakterzüge unbeachtet läßt, hat es sich selber zuzuschreiben, wenn er nachmals aus den großen den betreffenden Charakter zu seinem Schaden kennenlernt. Nach demselben Prinzip soll man auch mit sogenannten guten Freunden selbst über Kleinigkeiten, wenn sie einen boshaften oder schlechten oder gemeinen Charakter verraten, sogleich brechen, um dadurch ihren großen schlechten Streichen vorzubeugen, die nur auf Gelegenheit warten, sich einzustellen. – Stets denke man: besser allein als unter Verrätern! [164]

In der Tat überschreitet der Wert, den wir auf die Meinung anderer legen, und unsere beständige Sorge in betreff derselben in der Regel fast jede vernünftige Bezweckung, so daß sie als eine Art allgemein verbreiteter oder vielmehr angeborener Manie angesehn werden kann. Bei allem, was wir tun und lassen, wird fast vor allem andern die fremde Meinung berücksichtigt, und aus der Sorge um sie werden wir bei genauer Untersuchung fast die Hälfte aller Bekümmernisse und Ängste, die wir jemals empfunden haben, hervorgegangen sehn. Denn sie liegt allem unserm so oft gekränkten, weil so krankhaft empfindlichen Selbstgefühl, allen unsern Eitelkeiten und Prätentionen, wie auch unserm Prunken und Großtun zu Grunde. Ohne diese Sorge und Sucht würde der Luxus kaum ein Zehntel dessen sein, was er ist. [165]

Beim Anblick dessen, was wir nicht besitzen, steigt gar leicht in uns der Gedanke auf: ›Wie, wenn das mein wäre?‹ – und er macht uns die Entbehrung fühlbar. Statt dessen sollten wir öfter fragen: ›Wie, wenn das *nicht* mein wäre?‹, ich meine, wir sollten das, was wir besitzen bisweilen so anzusehn uns bemühen, wie es uns vorschweben würde, nachdem wir es verloren hätten; und zwar jedes, was es auch sei: Eigentum, Gesundheit, Freunde, Geliebte, Weib, Kind, Pferd, Hund: denn meistens belehrt erst der Verlust uns über den Wert der Dinge. Hingegen infolge der anempfohlenen Betrachtungsweise derselben wird erstlich ihr Besitz uns unmittelbar mehr als zuvor beglücken und zweitens werden wir auf alle Weise dem Verlust vorbeugen. [166]

Der Schmerz entsteht nicht aus dem Nicht-haben; sondern aus dem Habenwollen und doch nicht haben. – Sich aus dieser Einsicht soviel wie möglich des Wollens entschlagen ist der Gipfel des Stoizismus, als Ethik der reinen Vernunft, oder ist die höchste Lebensklugheit. [167]

Der Tor läuft den Genüssen des Lebens nach und sieht sich betrogen: der Weise vermeidet die Übel. [168]

Jeder Besitz und jedes Glück ist nur vom Zufall auf unbestimmte Zeit geliehen und kann daher in der nächsten Stunde wieder zurückgefordert werden. Jeder Schmerz aber beruht auf dem Verschwinden eines solchen Wahns. Beide also entstehn aus fehlerhafter Erkenntnis: dem Weisen bleibt daher Jubel wie Schmerz immer fern. [169]

›Weisheit‹ scheint mir nicht bloß theoretische, sondern auch praktische Vollkommenheit zu bezeichnen. Ich würde sie definieren als die vollendete, richtige Erkenntnis der Dinge im Ganzen und Allgemeinen, die den Menschen so völlig durchdrungen hat, daß sie nun auch in seinem Handeln hervortritt, indem sie sein Tun überall leitet. [170]

Man bleibt im Gewinn, wenn man Genüsse opfert, um Schmerzen zu entgehn. [171]

Tugenden müssen Eigenschaften des Willens sein: die Weisheit aber gehört zunächst dem Intellekt an. [172]

Ohne fest gefaßte *Grundsätze* würden wir den antimoralischen Triebfedern, wenn sie durch äußere Eindrücke zu Affekten erregt sind, unwiderstehlich preisgegeben sein. Das Festhalten und Befolgen der Grundsätze, den ihnen entgegenwirkenden Motiven zum Trotz, ist *Selbstbeherrschung*. [173]

Die Betrachtung der Welt von der *physischen* Seite bleibt, so weit und so glücklich man sie auch verfolgen mag, in ihren Resultaten für uns trostlos: auf der *moralischen* Seite allein ist Trost zu finden; indem hier die Tiefen unsers eigenen Innern sich der Betrachtung auftun. [174]

Im Grunde ist alle *Güte des Herzens*, ja alle Tugend, und selbst die Heiligkeit, zurückzuführen auf das Überwiegen der Erkenntnis über den Willen. Denn jene entsteht ja zuletzt dadurch, daß das bloß erkannte Leiden anderer unser Tun mehr bestimmt als der eigene Wille und sein unmittelbares Genügen. [175]

Überall, wo das Tun von der Vernunft geleitet wird, wo die Motive abstrakte Begriffe sind, wo nicht anschauliche einzelne Vorstellungen noch der Eindruck des Augenblicks, welcher das Tier leitet, das Bestimmende ist, da zeigt sich *praktische Vernunft*. – Die vollkommenste Entwickelung der *praktischen Vernunft*, im wahren und echten Sinne des Worts der höchste Gipfel, zu dem der Mensch durch den bloßen Gebrauch seiner Vernunft gelangen kann und auf welchem sein Unterschied vom Tiere sich am deutlichsten zeigt, ist als Ideal dargestellt im *stoischen Weisen*. Denn die stoische Ethik ist ursprünglich und wesentlich gar nicht Tugendlehre, sondern bloß Anweisung zum vernünftigen Leben, dessen Ziel und Zweck Glück durch Geistesruhe ist. Der tugendhafte Wandel findet sich dabei gleichsam nur per accidens, als Mittel, nicht als Zweck ein. Daher ist die stoische Ethik ihrem ganzen Wesen und Gesichtspunkt nach grundverschieden von den unmittelbar auf Tugend dringenden ethischen Systemen. – Der Zweck der stoischen Ethik ist Glück. – Jedoch weist die stoische Ethik nach, daß das Glück im innern Frieden und in der Ruhe des Geistes allein sicher zu finden sei und diese wieder allein durch Tugend zu erreichen: eben dieses nur bedeutet der Ausdruck, daß Tugend höchstes Gut sei. [176]

Alle Moralsysteme des Altertums, das Platonische allein ausgenommen, waren Anleitungen zu einem glückseligen

Leben: demnach hat bei ihnen die Tugend ihren Zweck durchaus nicht jenseits des Todes, sondern in dieser Welt. Denn sie ist ihnen eben nur der rechte Weg zum wahrhaft glücklichen Leben; deshalb erwählt sie der Weise. [177]

Um fremden Wert willig und frei anzuerkennen und gelten zu lassen, muß man eigenen haben. [178]

Aller selbst noch so wohlgemeinter korrektioneller Bemerkungen soll man im Gespräche sich enthalten: denn die Leute zu kränken ist leicht; sie zu bessern schwer, wo nicht unmöglich. [179]

Unser aller Sorgen, Kümmern, Wurmen, Ärgern, Ängstigen, Anstrengen usw. betrifft in vielleicht den meisten Fällen eigentlich die fremde Meinung. – Nicht weniger entspringt unser Neid und Haß größtenteils aus besagter Wurzel.

Offenbar nun könnte zu unserm Glücke, als welches allergrößtenteils auf Gemütsruhe und Zufriedenheit beruht, kaum irgend etwas so viel beitragen als die Einschränkung und Herabstimmung dieser Triebfeder auf ihr vernünftig zu rechtfertigendes Maß, welches vielleicht ein Fünfzigstel des gegenwärtigen sein wird, also das Herausziehn dieses immerfort peinigenden Stachels aus unserm Fleisch. – Um jene allgemeine Torheit loszuwerden, wäre das alleinige Mittel, sie deutlich als eine solche zu erkennen und zu diesem Zwecke sich klarzumachen, wie ganz falsch, verkehrt, irrig und absurd die meisten Meinungen in den Köpfen der Menschen zu sein pflegen, daher sie an sich selbst keiner

Beachtung wert sind; sodann, wie wenig realen Einfluß auf uns die Meinung anderer in den meisten Dingen und Fällen haben kann; ferner, wie ungünstig überhaupt sie meistenteils ist, so daß fast jeder sich krank ärgern würde, wenn er vernähme, was alles von ihm gesagt und in welchem Tone von ihm geredet wird; endlich, daß sogar die Ehre selbst doch eigentlich nur von mittelbarem und nicht von unmittelbarem Werte ist u. dgl. mehr. Wenn eine solche Bekehrung von der allgemeinen Torheit uns gelänge, so würde die Folge ein unglaublich großer Zuwachs an Gemütsruhe und Heiterkeit und ebenfalls ein festeres und sichereres Auftreten, ein durchweg unbefangeneres und natürlicheres Betragen sein. [180]

Groß ist nur der, welcher bei seinem Wirken (dieses sei nun ein praktisches oder theoretisches) *nicht seine Sache sucht*; sondern allein einen *objektiven* Zweck verfolgt. – *Klein* hingegen ist alles auf persönliche Zwecke gerichtete Treiben; weil der dadurch in Tätigkeit Versetzte sich nur in seiner eigenen verschwindend kleinen Person erkennt und findet. Hingegen, wer *groß* ist, erkennt sich in allem und nachher im Ganzen: er lebt nicht wie jener allein im Mikrokosmos, sondern noch mehr im Makrokosmos. Darum eben ist das Ganze ihm angelegen, und er sucht es zu erfassen, um es darzustellen, oder um es zu erklären oder um praktisch darauf zu wirken. Denn ihm ist es nicht fremd; er fühlt, daß es ihn angeht. Wegen dieser Ausdehnung seiner Sphäre nennt man ihn *groß*. [181]

Es gibt kein sichereres Merkmal der Größe, als kränkende oder beleidigende Äußerungen unbeachtet hingehn zu lassen, indem man sie eben wie unzählige andere Irrtümer der schwachen Erkenntnis des Redenden ohne weiteres zuschreibt und daher sie bloß wahrnimmt, ohne sie zu empfinden. [182]

Von zwei unerschrockenen Leuten, heißt es, gebe keiner je nach. – Nun aber ist der Grundsatz selbst falsch: bei Sachen von geringer Wichtigkeit (die von großer bleiben stets den Gerichten anheimgestellt) gibt von zwei unerschrockenen Leuten allerdings einer nach, nämlich der Klügste, und bloße Meinungen läßt man auf sich beruhen. [183]

Höflichkeit ist Klugheit; folglich ist Unhöflichkeit Dummheit: sich mittelst ihrer unnötiger und mutwilligerweise Feinde machen ist Raserei, wie wenn man sein Haus in Brand steckt. – Wie das Wachs, von Natur hart und spröde, durch ein wenig Wärme so geschmeidig wird, daß es jede beliebige Gestalt annimmt; so kann man selbst störrische und feindselige Menschen durch etwas Höflichkeit und Freundlichkeit biegsam und gefällig machen. Sonach ist die Höflichkeit dem Menschen, was die Wärme dem Wachs.

Eine schwere Aufgabe ist freilich die Höflichkeit insofern, als sie verlangt, daß wir allen Leuten die größte Achtung bezeugen, während die allermeisten keine verdienen. – Höflichkeit mit Stolz zu vereinen ist ein Meisterstück. [184]

Unsere gehässige Stimmung gegen andere wird durch nichts so leicht beseitigt, als wenn wir einen Gesichtspunkt fassen, von welchem aus sie unser Mitleid in Anspruch nehmen. [185]

Oft haben die Neider und Feinde eines Glücklichen bei seinem Sturz sich in schonende, tröstende und helfende Freunde verwandelt. Wer hat nicht, wenigstens in schwächeren Graden, etwas der Art an sich selbst erlebt und, vonirgendeinem Unglücksfall betroffen, mit Überraschung gesehn, daß die, welche bisher die größte Kälte, sogar Übelwollen gegen ihn verrieten, jetzt mit ungeheuchelter Teilnahme an ihn herantraten! Denn Unglück ist die Bedingung des Mitleids und Mitleid die Quelle der Menschenliebe. [186]

Alles, was den Bestrebungen irgendeines individuellen Willens gemäß ist, heißt, in Beziehung auf diesen, *gut* – gutes Essen, gute Wege, gute Vorbedeutung –, das Gegenteil *schlecht*, an belebten Wesen *böse*. Ein Mensch, der vermöge seines Charakters den Bestrebungen anderer nicht gern hinderlich, vielmehr, soweit er füglich kann, günstig und förderlich ist, der also andere nicht verletzt, vielmehr ihnen, wo er kann, Hülfe und Beistand leistet, wird von ihnen in ebenderselben Rücksicht *ein guter Mensch* genannt. – Gehn wir aber auf das Wesentliche eines solchen Charakters zurück; so finden wir es unleugbar darin, *daß er weniger als die übrigen einen Unterschied zwischen sich und andern macht.* [187]

Wenn wir unser eignes Wesen durch und durch bis ins Innerste ganz erkannt hätten, würden wir es lächerlich finden, die Unvergänglichkeit des Individuums zu verlangen; weil dies hieße, jenes Wesen selbst gegen eine einzelne seiner zahllosen Äußerungen aufgeben. [188]

Auch beim besten Rechte dazu lasse man sich nicht zum Selbstlobe verführen. Denn die Eitelkeit ist eine so gewöhnliche, das Verdienst aber eine so ungewöhnliche Sache, daß, sooft wir, wenn auch nur indirekt, uns selbst zu loben scheinen, jeder hundert gegen eins wettet, daß, was aus uns redet, die Eitelkeit sei. [189]

Die, welche die Neigung und Gewohnheit haben, das äußerliche Benehmen, überhaupt das Tun und Lassen der andern im stillen bei sich selbst einer aufmerksamen und *scharfen Kritik* zu unterwerfen, arbeiten dadurch an ihrer eigenen Besserung und Vervollkommnung: denn sie werden entweder Gerechtigkeit oder doch Stolz und Eitelkeit genug besitzen, selbst zu vermeiden, was sie so oft strenge tadeln. [190]

Wie eine Arznei nicht ihren Zweck erwirkt, wann die Dosis zu stark gewesen; ebenso ist es mit *Strafreden* und *Kritiken*, wenn sie das Maß der Gerechtigkeit überschreiten. [191]

Der *Wille* ist der gemeinsame Stoff aller Wesen, das durchgängige Element der Dinge: wir haben ihn sonach mit allen und jedem Menschen, ja mit den Tieren und sogar noch weiter abwärts gemein. In ihm als solchem sind wir sonach jedem gleich, sofern alles und jedes vom Willen erfüllt ist und davon strotzt. Dagegen ist das, was Wesen über Wesen, Mensch über Mensch erhebt, die Erkenntnis. Deshalb sollen unsere Äußerungen soviel als möglich sich auf sie beschränken, und nur sie sollte hervortreten. Denn der *Wille* als das durchaus Gemeinsame ist eben auch *das Gemeine*. Demgemäß ist jedes heftige Hervortreten desselben *gemein*, d. h. es setzt uns herab zu einem bloßen Beispiele und Exemplare der Gattung: denn wir zeigen alsdann eben nur den Charakter derselben. Gemein daher ist aller Zorn, unbändige Freude, aller Haß, alle Furcht, kurz: jeder Affekt, d. h. jede Bewegung des Willens, wann sie so stark wird, daß sie im Bewußtsein das Erkennen entschieden überwiegt und den Menschen mehr als wollendes denn als erkennendes Wesen erscheinen läßt. [192]

An die Stelle der ›Rechts- und Tugendpflichten‹ setze ich zwei Tugenden: die der Gerechtigkeit und die der Menschenliebe, welche ich Kardinaltugenden nenne, weil aus ihnen alle übrigen praktisch hervorgehn und theoretisch sich ableiten lassen. Beide wurzeln in dem natürlichen Mitleid. Dieses Mitleid selbst aber ist eine unleugbare Tatsache des menschlichen Bewußtseins, ist diesem wesentlich eigen, beruht nicht auf Voraussetzungen, Begriffen, Religionen, Dogmen, Mythen, Erziehung und Bildung; sondern ist ursprünglich und unmittelbar, liegt in der menschlichen Natur selbst, hält ebendeshalb unter allen Verhältnissen sich und zeigt sich in allen Ländern und Zeiten; daher an dasselbe als an etwas in jedem Menschen notwendig Vorhandenes überall zuversichtlich appelliert wird, und nirgends gehört es zu den ›fremden Göttern‹. Hingegen nennt man den, dem es zu mangeln scheint, einen Unmenschen; wie auch ›Menschlichkeit‹ oft als Synonym von Mitleid gebraucht wird. [193]

Die *Güte des Herzens* besteht in einem tief gefühlten, universellen Mitleid mit allem was Leben hat, zunächst aber mit dem Menschen; weil mit der Steigerung der Intelligenz die Empfänglichkeit für das Leiden gleichen Schritt hält. – Die Güte des Charakters wird demnach zunächst abhalten von jeder Verletzung des andern, worin es auch sei, sodann aber auch zur Hülfe auffordern, wo immer ein fremdes Leiden sich darbietet. [194]

Man betrachte die von mir aufgestellte moralische Triebfeder. Wer wagte es, einen Augenblick in Abrede zu stellen, daß sie zu allen Zeiten, unter allen Völkern, in allen Lagen des Lebens, auch im gesetzlosen Zustande, auch mitten unter den Greueln der Revolutionen und Kriege, und im Großen wie im Kleinen, jeden Tag und jede Stunde, eine entschiedene und wahrhaft wundersame Wirksamkeit äußert, täglich vieles Unrecht verhindert, gar manche gute Tat ohne alle Hoffnung auf Lohn und oft ganz unerwartet ins Dasein ruft und daß, wo sie und nur sie allein wirksam gewesen, wir alle mit Rührung und Hochachtung der Tat den echten moralischen Wert unbedingt zugestehn. [195]

Offenbar ist es richtiger, die Welt aus dem Menschen verstehn zu lehren als den Menschen aus der Welt: denn aus dem mittelbar Gegebenen, also dem Selbstbewußtsein hat man das mittelbar Gegebene, also das der äußern Anschauung zu erklären; nicht umgekehrt. [196]

Es geschieht wohl, daß man eine Bemerkung oder Erfahrung vor langer Zeit einmal von einem unbedeutenden und ungelehrten Menschen vernommen, sie seitdem aber doch nicht wieder vergessen hat, nun aber jener Quelle halber geneigt ist, sie geringzuschätzen oder sie als eine wohl längst und allgemein bekannte Sache anzusehn; dann frage man sich, ob man sie in jener langen Zeit jemals wieder gehört oder auch gelesen habe: wenn dies nicht der Fall ist, so halte man sie in Ehren. – Würde man einen Diamanten geringschätzen, weil man ihn etwan aus einem Misthaufen herausgescharrt hätte? [197]

Man kann nicht alles in einem Tage sagen und soll auch nicht mehr antworten, als man gefragt ist. [198]

Echte Moral und Moralität ist von keiner Religion abhängig. [199]

Tugend und Heiligkeit geht nicht aus Reflexion hervor, sondern aus der innern Tiefe des Willens und deren Verhältnis zum Erkennen. – Die auf das Ethische sich beziehenden Dogmen in der Vernunft ganzer Nationen können dieselben sein, aber das Handeln in jedem Individuo ein anderes, und so auch umgekehrt: das Handeln geschieht, wie man spricht, nach *Gefühlen*: d. h. eben nur nicht nach Begriffen, nämlich dem ethischen Gehalte nach. Die Dogmen beschäftigen die müßige Vernunft: das Handeln geht zuletzt unabhängig von ihnen seinen Gang, meistens nicht nach abstrakten, sondern nach unausgesprochenen Maximen, deren Ausdruck eben der ganze Mensch selbst ist. Daher, wie verschieden auch die religiösen Dogmen der Völker sind, so ist doch bei allen die gute Tat von unaussprechlicher Zufriedenheit, die böse von unendlichem Grausen begleitet: erstere erschüttert kein Spott; von letzterem befreit keine Absolution des Beichtvaters. Jedoch soll hiedurch nicht geleugnet werden, daß bei der Durchführung eines tugendhaften Wandels Anwendung der Vernunft nötig sei: nur ist sie nicht die Quelle desselben; sondern ihre Funktion ist eine untergeordnete, nämlich die Bewahrung gefaßter Entschlüsse, das Vorhalten der Maximen, zum Widerstand gegen die Schwäche des Augenblicks und zur Konsequenz des Handelns. [200]

Die Ethik ist in Wahrheit die leichteste aller Wissenschaften. – Aus der Gerechtigkeit und Menschenliebe fließen sämtliche Tugenden. [201]

Bei jedem Menschen, mit dem man in Berührung kommt, unternehme man nicht eine objektive Abschätzung desselben nach Wert und Würde, ziehe also nicht die Schlechtigkeit seines Willens noch die Beschränktheit seines Verstandes und die Verkehrtheit seiner Begriffe in Betrachtung, da ersteres leicht Haß, letzteres Verachtung gegen ihn erwekken könnte; sondern man fasse allein seine Leiden, seine Not, seine Angst, seine Schmerzen ins Auge – da wird man sich stets mit ihm verwandt fühlen. [202]

Grenzenloses Mitleid mit allen lebenden Wesen ist der festeste und sicherste Bürge für das sittliche Wohlverhalten und bedarf keiner Kasuistik. Wer davon erfüllt ist, wird zuverlässig keinen verletzen, keinen beeinträchtigen, keinem wehe tun, vielmehr mit jedem Nachsicht haben, jedem verzeihen, jedem helfen, soviel er vermag, und alle seine Handlungen werden das Gepräge der Gerechtigkeit und Menschenliebe tragen. Hingegen versuche man einmal zu sagen: ›Dieser Mensch ist tugendhaft, aber er kennt kein Mitleid.‹ Oder: ›Es ist ein ungerechter und boshafter Mensch; jedoch ist er sehr mitleidig‹ – so wird der Widerspruch fühlbar. – Der Geschmack ist verschieden; aber ich weiß mir kein schöneres Gebet als das, womit die alt-indischen Schauspiele schließen. Es lautet: ›Mögen alle lebenden Wesen von Schmerzen frei bleiben!‹ [203]

Der Gerechte setzt das Wesen außer sich dem eigenen gleich: er verletzt es nicht.

In dieser Gerechtigkeit liegt, wenn man auf das innerste derselben sieht, schon der Vorsatz, in der Bejahung des eigenen Willens nicht so weit zu gehn, daß sie die fremden Willenserscheinungen verneint, indem sie solche jenem zu dienen zwingt. Man wird daher ebensoviel andern leisten wollen, als man von ihnen genießt. [204]

Wenn man überhaupt früge, worauf denn die angebliche Würde des Menschen beruhe; so würde die Antwort bald dahin gehen, daß es auf seiner Moralität sei – also die Moralität auf der Würde, und die Würde auf der Moralität.

[205]

Man übe, um Menschen ertragen zu lernen, seine Geduld an leblosen Gegenständen, welche vermöge mechanischer oder sonst physischer Notwendigkeit unserm Tun sich hartnäckig widersetzen; wozu täglich Gelegenheit ist. Die dadurch erlangte Geduld lernt man nachher auf Menschen übertragen, indem man sich gewöhnt zu denken, daß auch sie, wo immer sie uns hinderlich sind, dies vermöge einer ebenso strengen aus ihrer Natur hervorgehenden Notwendigkeit sein müssen wie die, mit welcher die leblosen Dinge wirken; daher es ebenso töricht ist, über ihr Tun sich zu entrüsten wie über einen Stein, der uns in den Weg rollt.

[206]

Eine gewisse Art von Mut entspringt aus *einer* Wurzel mit der *Herzensgüte*, nämlich daraus, daß der damit begabte Mensch sich seines Daseins in den andern Individuen fast so deutlich bewußt ist als in dem eigenen. – Den Mut bringt dieses Bewußtsein dadurch hervor, daß der Mensch weniger an seinem individuellen Dasein hängt, da er fast ebenso sehr im allgemeinen Dasein aller Wesen lebt und deshalb für sein Leben und was dem anhängt wenig besorgt ist. Dies ist keineswegs jedesmal die Quelle des Muts: denn er ist ein Phänomen verschiedener Ursachen. Aber es ist die edelste Art des Mutes, welche sich darin zeigt, daß er hier mit großer Sanftmut und Geduld verbunden ist. [207]

Die moralische Trefflichkeit steht höher denn alle theoretische Weisheit, als welche immer nur Stückwerk ist und auf dem langsamen Wege der Schlüsse zu dem Ziele gelangt, welches jene mit *einem* Schlage erreicht; und der moralisch Edle, wenn ihm auch noch so sehr die intellektuelle Trefflichkeit abgeht, legt durch sein Handeln die tiefste Erkenntnis, die höchste Weisheit an den Tag und beschämt den Genialsten und Gelehrtesten, wenn dieser durch sein Tun verrät, daß jene große Wahrheit ihm doch im Herzen fremdgeblieben ist. [208]

Es gibt etwas Weiseres in uns, als der Kopf ist

Bei jeder menschlichen Unternehmung ist etwas, das nicht in unserer Macht steht und nicht in unsere Berechnung fällt: der Wunsch, dieses für sich zu gewinnen, ist der Ursprung der Götter. [209]

Das Herz, d. i. der Wille, hat in seiner schweren Bedrängnis das Bedürfnis, allmächtigen, folglich übernatürlichen Beistand anzurufen. – Daher ist das Theoretische der Theologie aller Völker sehr verschieden an Zahl und Beschaffenheit der Götter: aber daß sie helfen können und es tun, wenn man ihnen dient und sie anbetet – dies haben alle gemein; weil es der Punkt ist, darauf es ankommt. Zugleich aber ist dieses das Muttermal, woran man die Abkunft aller Theologie erkennt, nämlich, daß sie aus dem *Willen*, aus dem Herzen entsprungen sei, nicht aus dem Kopf oder der Erkenntnis, wie vorgegeben wird. [210]

Die größten Fortschritte der *Physik* werden das Bedürfnis einer *Metaphysik* nur immer fühlbarer machen. [211]

Beim menschlichen Lebenslauf müßten die innere sich als instinktartiger Trieb darstellende Notwendigkeit, sodann die vernünftige Überlegung und endlich die äußere Einwirkung der Umstände sich wechselseitig dergestalt in die Hände arbeiten, daß sie am Ende desselben, wenn er ganz durchgeführt ist, ihn als ein wohlgerundetes, vollendetes Kunstwerk erscheinen ließen; obgleich vorher, als er noch im Werden war, an demselben wie an jedem erst angelegten Kunstwerk sich oft weder Plan noch Zweck erkennen ließ. Wer aber erst nach der Vollendung hinzuträte und ihn genau betrachtete, müßte so einen Lebenslauf anstaunen als das Werk der überlegtesten Vorhersicht, Weisheit und Beharrlichkeit. [212]

Es gibt etwas Weiseres in uns, als der Kopf ist. – Wir handeln nämlich bei den großen Zügen, den Hauptschritten unsers Lebenslaufes, nicht sowohl nach deutlicher Erkenntnis des Rechten als nach einem innern Impuls, man möchte sagen: Instinkt, der aus dem tiefsten Grunde unsers Wesens kommt. – Vielleicht steht jener innere Impuls unter uns unbewußter Leitung prophetischer, beim Erwachen vergessener Träume, die ebendadurch unserm Leben die Gleichmäßigkeit des Tones und die dramatische Einheit erteilen, die das so oft schwankende und irrende, so leicht umgestimmte Gehirnbewußtsein ihm zu geben nicht vermöchte und infolge welcher z. B. der zu großen Leistungen einer bestimmten Art Berufene dies von Jugend auf innerlich und heimlich spürt und darauf hinarbeitet, wie die Bienen am Bau ihres Stocks. [213]

Nach *abstrakten Grundsätzen* handeln ist schwer und gelingt erst nach vieler Übung, und selbst da nicht jedesmal: auch sind sie oft nicht ausreichend. Hingegen hat jeder gewisse *angeborne konkrete Grundsätze*, die ihm in Blut und Saft stecken, indem sie das Resultat alles seines Denkens, Fühlens und Wollen sind. Er kennt sie meistens nicht in abstracto, sondern wird erst beim Rückblick auf sein Leben gewahr, daß er sie stets befolgt hat und von ihnen wie von einem unsichtbaren Faden ist gezogen worden. [214]

Das, was man am richtigsten erkennt, erkennt man so unmittelbar, so deutlich und sicher, daß man es gar nicht ins reflektierte Bewußtsein bringt, sondern bloß wie instinktmäßig danach handelt; also geht eine solche Erkenntnis ins Handeln über, ohne ins deutliche Bewußtsein gekommen zu sein. – Daher verfolgt und ergreift jeder, dem nicht von außen oder von seinen eignen falschen Begriffen Gewalt geschieht, das ihm Angemessene, ohne sich darüber Rechenschaft geben zu können. Das ist der *Leitstern, der geheime Zug*, der jeden richtig auf den Weg bringt, der für ihn der allein rechte ist, und dessen gleichmäßige individuelle Richtung er erst gewahr wird, wenn er ihn zurückgelegt hat. [215]

Die *Anschauung* ist nicht nur die *Quelle* aller Erkenntnis, sondern sie selbst ist die Erkenntnis. – Wir sehn sogar die Tugend eigentlich von der anschauenden Erkenntnis ausgehn: denn nur die Handlungen, welche unmittelbar durch diese hervorgerufen werden, mithin aus reinem Antriebe unserer eigenen Natur geschehen, sind eigentliche Symptome unsers wahren und unveränderlichen Charakters. [216]

Man suche das, was man dem Gedächtnis einverleiben will, soviel als möglich auf ein anschauliches Bild zurückzuführen, sei es nun unmittelbar oder als Beispiel der Sache oder als bloßes Gleichnis, Analogon oder wie noch sonst;

weil alles Anschauliche viel fester haftet als das bloß in abstracto Gedachte oder gar nur Worte. Darum behalten wir so sehr viel besser, was wir erlebt, als was wir gelesen haben. [217]

Das Affektieren irgendeiner Eigenschaft, das Sich-Brüsten damit ist ein Selbstgeständnis, daß man sie nicht hat. Sei es Mut oder Gelehrsamkeit oder Geist oder Witz oder Glück bei Weibern oder Reichtum oder vornehmer Stand oder was sonst, womit einer groß tut; so kann man daraus schließen, daß es ihm gerade daran in etwas gebricht: denn wer wirklich eine Eigenschaft vollkommen besitzt, dem fällt es nicht ein, sie herauszulegen und zu affektieren, sondern er ist darüber ganz beruhigt. [218]

Glänzende Eigenschaften des Geistes erwerben Bewunderung, aber nicht Zuneigung: diese bleibt den moralischen, den Eigenschaften des Charakters vorbehalten. Zu seinem Freunde wird wohl jeder lieber den Redlichen, den Gutmütigen, ja selbst den Gefälligen, Nachgiebigen und leicht Beistimmenden wählen als den bloß Geistreichen. – Nur wer selbst viel Geist hat, wird den Geistreichen zu seiner Gesellschaft wünschen; seine Freundschaft hingegen wird sich nach den moralischen Eigenschaften richten: denn auf diesen beruht seine eigentliche Hochschätzung eines Menschen, in welcher ein einziger guter Charakterzug große Mängel des Verstandes bedeckt und auslischt. Die erkannte Güte eines Charakters macht uns geduldig und nachgiebig gegen Schwächen des Verstandes wie auch gegen die Stumpfheit und das kindische Wesen des Alters.

Ein entschieden edler Charakter bei gänzlichem Mangel intellektueller Vorzüge und Bildung steht da wie einer, dem nichts abgeht; hingegen wird der größte Geist, wann mit starken moralischen Fehlern behaftet, noch immer tadelhaft erscheinen. [219]

Der treffliche Charakter erkennt sein eignes Wesen in allen Menschen, daher erwartet er, daß diese ihm helfen werden, wenn er in Not ist, wie er erwartet, nicht von sich selbst verlassen zu werden. Daher lebt er überhaupt in einer befreundeten Welt, tiefer Friede und eine gewisse Heiterkeit umschwebt ihn stets. Der egoistische Charakter lebt zwischen lauter ihm stets fremden Gestalten: wie er ohne Teilnahme sie betrachtet, so hofft er keine Hülfe von ihnen, und wenn er bedrängt ist, kommt er bald zur Verzweiflung. [220]

Was sich liebt und füreinander geboren ist, findet sich leicht zusammen: verwandte Seelen grüßen sich schon aus der Ferne. [221]

Ein wichtiger Punkt der Lebensweisheit besteht in dem richtigen Verhältnis, in welchem wir unsere Aufmerksamkeit teils der Gegenwart, teils der Zukunft widmen, damit nicht die eine uns die andere verderbe. –

Statt mit den Plänen und Sorgen für die Zukunft ausschließlich und immerdar beschäftigt zu sein oder aber uns der Sehnsucht nach der Vergangenheit hinzugeben, sollten wir nie vergessen, daß die Gegenwart allein real und allein gewiß ist; hingegen die Zukunft fast immer anders ausfällt, als wir sie denken; ja auch die Vergangenheit anders war; und zwar so, daß es mit beiden im ganzen weniger auf sich hat, als es uns scheint. Denn die Ferne, welche dem Auge die Gegenstände verkleinert, vergrößert sie dem Gedanken. Die Gegenwart allein ist wahr und wirklich: sie ist die real erfüllte Zeit, und ausschließlich in ihr liegt unser Dasein. Daher sollten wir sie stets einer heitern Aufnahme würdigen, folglich jede erträgliche und von unmittelbaren Widerwärtigkeiten und Schmerzen freie Stunde mit Bewußtsein als solche genießen, d. h. sie nicht trüben durch verdrießliche Gesichter über verfehlte Hoffnungen in der Vergangenheit oder Besorgnisse für die Zukunft. Denn es ist durchaus töricht, eine gute gegenwärtige Stunde von sich zu stoßen oder sie sich mutwillig zu verderben aus Verdruß über das Vergangene oder Besorgnis wegen des Kommenden. [222]

Sehn und Erfahren ist so nötig als Lesen und Lernen. [223]

Dieselbe Sache erscheint uns zu verschiedenen Zeiten, morgens, abends, nachmittags oder am andern Tage, oft sehr verschieden: entgegengesetzte Ansichten derselben drängen sich jetzt auf und vermehren unsern Zweifel. Darum spricht man vom Beschlafen einer Angelegenheit und fordert zu großen Entschlüssen lange Überlegungszeit. Wenn nun gleich diese Beschaffenheit unsers Intellekts, als aus der Schwäche desselben entspringend, ihre offenbaren Nachteile hat; so gewährt sie andererseits den Vorteil, daß wir nach der Zerstreuung und der physischen Umstimmung als komparativ andere frisch und fremd zu unserer Angelegenheit zurückkehren und so sie mehrmals in stark verändertem Lichte erblicken können. [224]

Die eigentliche Weisheit ist etwas Intuitives, nicht etwas Abstraktes. Sie besteht nicht in Sätzen und Gedanken, die einer als Resultate fremder oder eigener Forschung im Kopfe fertig herumtrüge: sondern sie ist die ganze Art, wie sich die Welt in seinem Kopfe darstellt. Diese ist so höchst verschieden, daß dadurch der Weise in einer andern Welt lebt als der Tor und das Genie eine andere Welt sieht als der Stumpfkopf. [225]

Der Intellekt ist ein differenzierendes, mithin trennendes Prinzip. – Große Unterschiede im Grade und dabei in der Ausbildung des Verstandes öffnen zwischen Mensch und Mensch eine weite Kluft, über welche nur die Herzensgüte setzen kann, als welche im Gegenteil das unifizierende Prinzip ist, welches jeden andern mit dem eigenen Selbst identifiziert. Jedoch bleibt die Verbindung eine moralische: sie kann keine intellektuelle werden. [226]

Man soll sich gewöhnen, seine Geisteskräfte durchaus als physiologische Funktionen zu betrachten, um danach sie zu behandeln, zu schonen, anzustrengen usw., und zu bedenken, daß jedes körperliche Leiden, [jede] Beschwerde, Unordnung, in welchem Teil es auch sei, den Geist affiziert. [227]

Daß man wertvolle eigene Meditationen möglichst bald niederschreiben soll, versteht sich von selbst: vergessen wir doch bisweilen, was wir erlebt, wieviel mehr, was wir gedacht haben! Gedanken aber kommen nicht, wann *wir*, sondern wann *sie* wollen. [228]

Es gibt Krankheiten, von denen man gehörig und gründlich nur dadurch genest, daß man ihnen ihren natürlichen Verlauf läßt, nach welchem sie von selbst verschwinden, ohne eine Spur zu hinterlassen. Verlangt man aber sogleich und jetzt, nur gerade jetzt, gesund zu sein; so muß auch hier die Zeit Vorschuß leisten: die Krankheit wird vertrieben, aber der Zins ist Schwäche und chronische Übel zeitlebens. – Dies ist der Wucher der Zeit: seine Opfer werden alle, die nicht warten können. Den Gang der gemessen ablaufenden Zeit beschleunigen zu wollen, ist das kostspieligste Unternehmen. Also hüte man sich, der Zeit Zinsen schuldig zu werden. [229]

Das Auge wird durch langes Anstarren eines Gegenstandes stumpf und sieht nichts mehr; ebenso wird der Intellekt durch fortgesetztes Denken über dieselbe Sache unfähig, mehr davon zu ergrübeln und zu fassen, stumpf und verwirrt. Man muß sie verlassen, um wieder darauf zurückzukommen, wo man sie frisch mit deutlichen Umrissen wiederfindet. – Aus dieser Ruhebedürftigkeit des Intellekts ist auch dies erklärlich, daß, wenn wir nach irgendeiner längern Pause wie neu und fremd in den alltäglichen Lauf der Dinge dieser Welt schauen und so einen frischen, ganz eigentlich unbefangenen Blick in sie tun, ihr Zusammenhang und ihre Bedeutung uns am reinsten und tiefsten klar wird; so daß wir alsdann Dinge handgreiflich sehn, von denen wir nur nicht begreifen, wie sie von allen, die sich stündlich darin bewegen, nicht bemerkt werden. [230]

Reife ist allein das Werk der Erfahrung und mithin der Zeit. Denn da wir unsere anschaulichen und unsere abstrakten Erkenntnisse meistens separat erwerben, erstere auf dem natürlichen Wege, letztere durch gute und schlechte Belehrung und Mitteilung anderer; so ist in der Jugend meistens wenig Übereinstimmung und Verbindung zwischen unsern durch bloße Worte fixierten Begriffen und unserer durch die Anschauung erlangten realen Erkenntnis. Beide kommen erst allmälig einander näher und berichtigen sich gegenseitig: aber erst, wann sie miteinander ganz verwachsen sind, ist die Reife der Erkenntnis da. Diese Reife ist ganz unabhängig von der sonstigen größern oder geringern Vollkommenheit der Fähigkeiten eines jeden. [231]

Der Angriff des Alters, welcher die intellektuellen Kräfte allmälig verzehrt, läßt die moralischen Eigenschaften unberührt. Die Güte des Herzens macht den Greis noch verehrt und geliebt, wenn sein Kopf schon die Schwächen zeigt, die ihn dem Kindesalter wieder zu nähern anfangen. Sanftmut, Geduld, Redlichkeit, Wahrhaftigkeit, Uneigennützigkeit, Menschenfreundlichkeit usw. erhalten sich durch das ganze Leben und gehn nicht durch Altersschwäche verloren: in jedem hellen Augenblick des abgelebten Greises treten sie unvermindert hervor wie die Sonne aus Winterwolken. [232]

Jede Trennung gibt einen Vorgeschmack des Todes – und jedes Wiedersehn einen Vorgeschmack der Auferstehung. – Darum jubeln selbst Leute, die einander gleichgültig waren, so sehr, wann sie nach zwanzig oder gar dreißig Jahren wieder zusammentreffen. [233]

Worauf beruht die *Identität der Person*? – Nicht auf der Materie des Leibes: sie ist nach wenigen Jahren eine andere. Nicht auf der Form desselben: sie ändert sich im Ganzen und in allen Teilen; bis auf den Ausdruck des Blickes, an welchem man daher auch nach vielen Jahren einen Menschen noch erkennt; welches beweist, daß trotz allen Veränderungen, die an ihm die Zeit hervorbringt, doch etwas in ihm davon völlig unberührt bleibt: es ist eben dieses, woran wir auch nach dem längsten Zwischenraume ihn wiedererkennen und den Ehemaligen unversehrt wiederfinden; ebenso auch uns selbst: denn wenn man auch noch so alt wird; so fühlt man doch im Innern sich ganz und gar als denselben, der man war, als man jung, ja als man noch ein Kind war. Dieses, was unverändert stets dasselbe bleibt und nicht mitaltert, ist eben der Kern unsers Wesens, welcher nicht in der Zeit liegt. –

Man nimmt an, die Identität der Person beruhe auf der des Bewußtseins. Versteht man aber unter dieser bloß die zusammenhängende Erinnerung des Lebenslaufs; so ist sie nicht ausreichend. Wir wissen von unserm Lebenslauf allenfalls etwas mehr als von einem ehemals gelesenen Roman; dennoch nur das allerwenigste. Die Hauptbegebenheiten, die interessanten Szenen haben sich eingeprägt: im übrigen sind tausend Vorgänge vergessen gegen einen, der behalten worden. Je älter wir werden, desto spurloser geht alles vorüber. Hohes Alter, Krankheit, Gehirnverletzung, Wahnsinn können das Gedächtnis ganz rauben. Aber die Identität der Person ist damit nicht verlorengegangen. Sie beruht auf dem identischen *Willen* und dem unveränderlichen Charakter desselben. Er eben auch ist es, der den Ausdruck des Blicks unveränderlich macht. Im *Herzen* steckt der Mensch, nicht im Kopf. [234]

Wäre es nicht engbrüstiger Kleinmut, es für unmöglich zu halten, daß die Lebensläufe aller Menschen in ihrem Ineinandergreifen ebensoviel concentus [Einklang] und Harmonie haben sollten, wie der Komponist den vielen scheinbar durcheinandertobenden Stimmen seiner Symphonie zu geben weiß? – Das Subjekt des großen Lebenstraumes ist in gewissem Sinne nur eines, der Wille zum Leben. – Es ist ein großer Traum, den jenes *eine* Wesen träumt: aber so, daß alle seine Personen ihn mitträumen. Daher greift alles ineinander und paßt zueinander. [235]

Der gerade Weg zur Erlösung

Jedem sagt ein sicheres Gefühl, daß in ihm etwas schlechthin Unvergängliches und Unzerstörbares sei. Sogar das Frische und Lebhafte der Erinnerungen aus der fernsten Zeit, aus der ersten Kindheit zeugt davon, daß irgend etwas in uns nicht mit der Zeit sich fortbewegt, nicht altert, sondern unverändert beharrt. [236]

Es gibt in der Tat zwei entgegengesetzte Weisen, sich des eigenen Daseins bewußt zu werden: einmal in empirischer Anschauung, wie es von außen sich darstellt, als eines verschwindend Kleinen in einer der Zeit und dem Raume nach grenzenlosen Welt, als *eines* unter den tausend Millionen menschlicher Wesen, die auf diesem Erdball herumlaufen gar kurze Zeit, alle dreißig Jahre sich erneuernd – dann aber, indem man in sein eigenes Inneres sich versenkt und sich bewußt wird, alles in allem und eigentlich das allein wirkliche Wesen zu sein, welches zur Zugabe sich in den andern ihm von außen gegebenen nochmals wie im Spiegel erblickt. [237]

Die Alten zählten den Mut den Tugenden, die Feigheit den Lastern bei: dem christlichen Sinne, der auf Wohlwollen und Dulden gerichtet ist und dessen Lehre alle Feindseligkeit, eigentlich sogar den Widerstand verbietet, entspricht dies nicht; daher es bei den Neuern weggefallen ist. Dennoch müssen wir zugeben, daß Feigheit uns mit einem edlen Charakter nicht wohl verträglich scheint – schon wegen der übergroßen Besorgnis um die eigene Person, welche sich darin verrät. Der Mut nun aber läßt sich auch darauf zurückführen, daß man den im gegenwärtigen Augenblicke drohenden Übeln willig entgegengeht, um dadurch größeren in der Zukunft liegenden vorzubeugen; während die Feigheit es umgekehrt hält. Nun ist jenes erstere der Charakter der *Geduld*, als welche eben in dem deutlichen Bewußtsein besteht, daß es noch größere Übel als die eben gegenwärtigen gibt und man durch heftiges Fliehen oder Abwehren dieser jene herbeiziehn könnte. Demnach wäre dann der Mut eine Art *Geduld*, und weil eben diese es ist, die uns zu Entbehrungen und Selbstüberwindungen jeder Art befähigt, so ist mittelst ihrer auch der Mut wenigstens der Tugend verwandt.

Doch läßt er vielleicht noch eine höhere Betrachtungsweise zu. Man könnte nämlich alle Todesfurcht zurückführen auf einen Mangel an derjenigen natürlichen, daher auch bloß gefühlten Metaphysik, vermöge welcher der Mensch die Gewißheit in sich trägt, daß er in allen, ja in allem ebensowohl existiert wie in seiner eigenen Person, deren Tod ihm daher wenig anhaben kann. [238]

Wer die Formel des Veda: ›tat tvam asi!‹ (dieses bist du!) mit klarer Erkenntnis und fester inniger Überzeugung über jedes Wesen, mit dem er in Berührung kommt, zu sich selber auszusprechen vermag; der ist ebendamit aller Tugend und Seligkeit gewiß und auf dem geraden Wege zur Erlösung. [239]

Die Rührung und Wonne, welche wir beim Anhören, noch mehr beim Anblick, am meisten beim eigenen Vollbringen einer edlen Handlung empfinden, beruht im tiefsten Grunde darauf, daß sie uns die Gewißheit gibt, daß jenseits aller Vielfalt und Geschiedenheit der Individuen, die das principium individuationis uns vorhält, eine Einheit derselben liege, welche wahrhaft vorhanden, ja uns zugänglich ist. –

›Mein wahres inneres Wesen existiert in jedem Lebenden so unmittelbar, wie es in meinem Selbstbewußtsein sich nur mir selber kundgibt.‹ – Diese Erkenntnis, für welche im Sanskrit die Formel ›tat tvam asi‹, d. h. ›dies bist Du‹ der stehende Ausdruck ist, ist es, die als *Mitleid* hervorbricht, auf welcher daher alle echte, d. h. uneigennützige Tugend beruht und deren realer Ausdruck jede gute Tat ist. Diese Erkenntnis ist es im letzten Grunde, an welche jede Appellation an Milde, an Menschenliebe, an Gnade für Recht sich richtet: denn eine solche ist eine Erinnerung an die Rücksicht, in welcher wir alle eins und dasselbe Wesen sind. –

Denn sogut wie im Traum in allen uns erscheinenden Personen wir selbst stecken, sogut ist es im Wachen der Fall – wenn auch nicht so leicht einzusehn. Aber ›tat tvam asi‹. [240]

Der gute Charakter lebt in einer seinem Wesen homogenen Außenwelt: die andern sind ihm kein Nicht-Ich, sondern ›Ich noch einmal‹. Daher ist sein ursprüngliches Verhältnis zu jedem ein befreundetes: er fühlt sich allen Wesen im Innern verwandt, nimmt unmittelbar teil an ihrem Wohl und Wehe und setzt mit Zuversicht dieselbe Teilnahme bei ihnen voraus. Hieraus erwächst der tiefe Friede seines Innern und jene getroste, beruhigte, zufriedene Stimmung, vermöge welcher in seiner Nähe jedem wohl wird. [241]

Wiewohl sehr sporadisch, aber doch stets von neuem uns überraschend, treten Erscheinungen der Redlichkeit, der Güte, ja des Edelmuts und ebenso auch des großen Verstandes, des denkenden Geistes, ja des Genies auf. Nie gehn diese ganz aus: sie schimmern uns wie einzelne glänzende Punkte aus der großen dunklen Masse entgegen. Wir müssen sie als Unterpfand nehmen, daß ein gutes und erlösendes Prinzip in diesem *Samsara* steckt, welches zum Durchbruch kommen und das Ganze erfüllen und befreien kann. [242]

Der Großmütige, welcher dem Feinde verzeiht und das Böse mit Gutem erwidert, ist erhaben und erhält das höchste Lob; weil er sein selbst-eigenes Wesen auch da noch erkannte, wo es sich entschieden verleugnete.

Jede ganz lautere Wohltat, jede völlig und wahrhaft uneigennützige Hülfe, welche als solche ausschließlich die Not des andern zum Motiv hat, ist, wenn wir bis auf den letzten Grund forschen, eigentlich eine mysteriöse Handlung, eine praktische Mystik, sofern sie zuletzt aus derselben Erkenntnis, die das Wesen aller eigentlichen Mystik ausmacht, entspringt und auf keine andere Weise mit Wahrheit erklärbar ist. Denn daß einer auch nur ein Almosen gebe, ohne dabei auf die entfernteste Weise etwas

PARKHOTEL BAD GRIESBACH

THERMEN-VITALZENTRUM

Ich freue mich sehr,
Sie in unserem Hause willkommen
heißen zu dürfen und wünsche
Ihnen einen angenehmen und
erholsamen Aufenthalt.

Ihr Feriendomizil präsentiert Ihnen
eine bunte Palette an Möglichkeiten
für einen abwechslungsreichen Urlaub.
Verwöhnen Sie Körper, Geist und Seele
– Ihr Team mit Herz berät Sie gerne.

GERDA NUDLBICHLER
GASTGEBERIN

anderes zu bezwecken, als daß der Mangel, welcher den andern drückt, gemindert werde, ist nur möglich, sofern er erkennt, daß er selbst es ist, was ihm jetzt unter jener traurigen Gestalt erscheint, also daß er sein eigenes Wesen an sich in der fremden Erscheinung wiedererkenne. [243]

Das gute Gewissen, die Befriedigung, welche wir nach jeder uneigennützigen Tat verspüren – entspringt daraus, daß solche Tat, wie sie hervorgeht aus dem unmittelbaren Wiedererkennen unsers eigenen Wesens an sich auch in der fremden Erscheinung, uns auch wiederum die Beglaubigung dieser Erkenntnis gibt, der Erkenntnis, daß unser wahres Selbst nicht bloß in der eigenen Person, dieser einzelnen Erscheinung daist, sondern in allem, was lebt. Dadurch fühlt sich das Herz erweitert, wie durch den Egoismus zusammengezogen. Denn wie dieser unsern Anteil konzentriert auf die einzelne Erscheinung des eigenen Individui – so verbreitet die Erkenntnis, daß alles Lebende ebensowohl unser eigenes Wesen an sich ist wie die eigene Person, unsern Anteil auf alles Lebende: hiedurch wird das Herz erweitert. Durch den also verminderten Anteil am eigenen Selbst wird die ängstliche Sorge für dasselbe in ihrer Wurzel angegriffen und beschränkt: daher die ruhige, zuversichtliche Heiterkeit, welche tugendhafte Gesinnung und gutes Gewissen gibt, und das deutlichere Hervortreten derselben bei jeder guten Tat, indem diese den Grund jener Stimmung uns selber beglaubigt. Der Egoist fühlt sich von fremden und feindlichen Erscheinungen umgeben und alle seine Hoffnung ruht auf dem eigenen Wohl. Der Gute lebt in einer Welt befreundeter Erscheinungen: das Wohl einer jeden derselben ist sein eigenes. Wenn daher gleich die Erkenntnis des Menschenloses überhaupt seine Stimmung nicht zu einer fröhlichen macht, so gibt die bleibende Erkenntnis seines eigenen Wesens in allem Lebenden ihm doch eine gewisse Gleichmäßigkeit und selbst Heiterkeit der Stimmung. Denn der über unzählige Erscheinungen verbreitete Anteil kann nicht so beängstigen wie der auf *eine* konzentrierte. Die Zufälle, welche die Gesamtheit der Individuen treffen, gleichen sich aus, während die dem einzelnen begegnenden Glück oder Unglück herbeiführen. [244]

Warum nehmen wir jeden Zug von Herzensgüte an uns selbst mit so inniger Freude wahr? Weil er uns ein Pfand ist, dafür, daß unser Dasein nicht auf unsre eigene Person beschränkt ist, auf welchen unendlich kleinen Punkt alle egoistischen Handlungen es zu konzentrieren scheinen. [245]

Wie ist es nun aber möglich, daß ein Leiden, welches nicht *meines* ist, nicht *mich* trifft, doch ebenso unmittelbar wie sonst nur mein eigenes Motiv für mich werden, mich zum Handeln bewegen soll? – Dadurch, daß ich es, obgleich mir nur als ein Äußeres, bloß vermittelst der äußern Anschauung oder Kunde gegeben, dennoch *mitempfinde*, es als *meines fühle* und doch nicht *in mir*, sondern *in einem andern*. – Dies aber setzt voraus, daß ich mich mit dem andern gewissermaßen identifiziert habe und folglich die Schranke zwischen Ich und Nicht-Ich für den Augenblick aufgehoben sei: nur dann wird die Angelegenheit des andern, sein

Bedürfnis, seine Not, sein Leiden unmittelbar zum meinigen; dann erblicke ich ihn nicht mehr, wie ihn doch die empirische Anschauung gibt, als ein mir Fremdes, mir Gleichgültiges, von mir gänzlich Verschiedenes; sondern *in ihm* leide ich mit, trotzdem daß seine Haut meine Nerven nicht einschließt. Nur dadurch kann *sein* Wehe, *seine* Not Motiv *für mich* werden: außer dem kann es durchaus nur meine eigene. *Dieser Vorgang* ist, ich wiederhole es, *mysteriös*: denn er ist etwas, wovon die Vernunft keine unmittelbare Rechenschaft geben kann und dessen Gründe auf dem Wege der Erfahrung nicht auszumitteln sind. Und doch ist er alltäglich. Jeder hat ihn oft an sich selbst erlebt, sogar dem Hartherzigsten und Selbstsüchtigsten ist er nicht fremdgeblieben. Er tritt täglich ein, vor unsern Augen, im Einzelnen, im Kleinen, überall, wo auf unmittelbaren Antrieb ohne viel Überlegung ein Mensch dem andern hilft und beispringt. [246]

Wie Fackeln und Feuerwerk vor der Sonne blaß und unscheinbar werden, so wird Geist, ja Genie und ebenfalls die Schönheit überstrahlt und verdunkelt von der Güte des Herzens. Wo diese in hohem Grade hervortritt, kann sie den Mangel jener Eigenschaften so sehr ersetzen, daß man solche vermißt zu haben sich schämt. Sogar der beschränkteste Verstand wie auch die groteske Häßlichkeit werden, sobald die ungemeine Güte des Herzens sich in ihrer Begleitung kundgetan, gleichsam verklärt, umstrahlt von einer Schönheit höherer Art, indem jetzt aus ihnen eine Weisheit spricht, vor der jede andere verstummen muß. Denn die Güte des Herzens ist eine transzendente Eigenschaft, gehört einer über dieses Leben hinausreichenden Ordnung der Dinge an und ist mit jeder andern Vollkommenheit inkommensurabel. Wo sie in hohem Grad vorhanden ist, macht sie das Herz so groß, daß es die Welt umfaßt, so daß jetzt alles in ihm, nichts mehr außerhalb liegt; da sie ja alle Wesen mit dem eigenen identifiziert. Alsdann verleiht sie auch gegen andere jene grenzenlose Nachsicht, die sonst jeder nur sich selbst widerfahren läßt. Ein solcher Mensch ist nicht fähig, sich zu erzürnen: sogar wenn etwan seine eigenen intellektuellen oder körperlichen Fehler den boshaften Spott und Hohn anderer hervorgerufen haben, wirft er in seinem Herzen nur sich selber vor, zu solchen Äußerungen der Anlaß gewesen zu sein, und fährt daher, ohne sich Zwang anzutun, fort, jene auf das liebreichste zu behandeln, zuversichtlich hoffend, daß sie von ihrem Irrtum hinsichtlich seiner zurückkommen und auch in ihm sich selber wiedererkennen werden.

[247]

Man kann jeden Menschen aus zwei entgegengesetzten Gesichtspunkten betrachten: aus dem einen ist er das zeitlich anfangende und endende, flüchtig vorübereilende Individuum – dazu mit Fehlern und Schmerzen schwer behaftet –, aus dem andern ist er das unzerstörbare Urwesen, welches in allem Daseienden sich objektiviert. – Freilich könnte ein solches Wesen etwas Besseres tun, als in einer Welt, wie diese ist, sich darzustellen. Denn es ist die Welt der Endlichkeit, des Leidens und des Todes. Was in ihr und aus ihr ist, muß enden und sterben. Allein, was nicht aus ihr ist und nicht aus ihr sein will, durchzuckt sie mit

Allgewalt wie ein Blitz, der nach oben schlägt, und kennt dann weder Zeit noch Tod. [248]

Es gibt keinen größern Kontrast als den zwischen der unaufhaltsamen Flucht der Zeit, die ihren ganzen Inhalt mit sich fortreißt, und der starren Unbeweglichkeit des wirklich Vorhandenen, welches zu allen Zeiten das eine und selbe ist. Und faßt man von diesem Gesichtspunkt aus die unmittelbaren Vorgänge des Lebens recht objektiv ins Auge; so wird einem das Nunc stans im Mittelpunkte des Rades der Zeit klar und sichtbar. – Einem unvergleichlich länger lebenden Auge, welches mit *einem* Blick das Menschengeschlecht in seiner ganzen Dauer umfaßte, würde der stete Wechsel von Geburt und Tod sich nur darstellen wie eine anhaltende Vibration und demnach ihm gar nicht einfallen, darin ein stets neues Werden aus nichts zu sehn. [249]

Wen das Leben, wie es ist, befriedigt, wer es auf alle Weise bejaht, der kann es mit Zuversicht als endlos betrachten und die Todesfurcht als eine Täuschung bannen, welche ihm die ungereimte Furcht eingibt, er könne der Gegenwart je verlustig werden. – Jeder knüpft die Gegenwart an seine Individualität und meint, mit dieser verlösche alle Gegenwart. – Wie aber auf der Erdkugel überall oben ist, so ist auch die Form alles Lebens *Gegenwart*, und den Tod fürchten, weil er uns die Gegenwart entreißt, ist nicht weiser als fürchten, man könne von der runden Erdkugel, auf welcher man glücklicherweise nun gerade oben steht, hinuntergleiten. [250]

Jeder denke, daß sein innerster Kern etwas ist, das die *Gegenwart* enthält und mit sich herumträgt.

Wann immer wir auch leben mögen, stets stehn wir mit unserm Bewußtsein im Zentro der Zeit, nie an ihren Endpunkten und könnten daraus abnehmen, daß jeder den unbeweglichen Mittelpunkt der ganzen unendlichen Zeit in sich selbst trägt. Dies ist es auch im Grunde, was ihm die Zuversicht gibt, mit der er ohne beständige Todesschauer dahinlebt. Wer nun aber vermöge der Stärke seiner Erinnerung und Phantasie sich das längst Vergangene seines eigenen Lebenslaufs am lebhaftesten vergegenwärtigen kann, der wird sich der *Identität des Jetzt in aller Zeit* deutlicher als die andern bewußt. Vielleicht sogar gilt dieser Satz richtiger umgekehrt. Jedenfalls aber ist ein solches deutlicheres Bewußtsein der Identität alles Jetzt ein wesentliches Erfordernis zur philosophischen Anlage. Mittelst seiner faßt man das Allerflüchtigste, das Jetzt, als das allein Beharrende auf. Wer nun auf solche intuitive Weise innewird, daß die *Gegenwart*, welche doch die alleinige Form aller Realität im engsten Sinne ist, ihre Quelle *in uns* hat, also von innen, nicht von außen quillt, der kann an der Unzerstörbarkeit seines eigenen Wesens nicht zweifeln. Vielmehr wird er begreifen, daß bei seinem Tode zwar die objektive Welt mit dem Medio ihrer Darstellung, dem Intellekt, für ihn untergeht, dies aber sein Dasein nicht anficht: denn es war ebenso viel Realität innerhalb wie außerhalb. – Das Leben kann diesem allen zufolge allerdings angesehn werden als ein Traum und der Tod als das Erwachen. Dann aber gehört die Persönlichkeit, das Individuum dem träumenden und nicht dem wachen Bewußtsein an; weshalb denn jenem der

Tod sich als Vernichtung darstellt. Jedenfalls jedoch ist er von diesem Gesichtspunkt aus nicht zu betrachten als der Übergang zu einem uns ganz neuen und fremden Zustande, vielmehr nur als der Rücktritt zu dem uns ursprünglich eigenen, als von welchem das Leben nur eine kurze Episode war. [251]

Die *Gegenwart zu genießen* und dies zum Zweck seines Lebens zu machen, ist die größte *Weisheit* (denn sie ist das allein Reale, alles andere ist imaginär) und es ist die größte *Torheit*: denn was im nächsten Augenblicke nicht mehr ist, was so ganz verschwindet wie der Traum, hat keinen Wert. Jedem Vorgang unsers Lebens gehört nur auf einen Augenblick das Ist, sodann für endlose Zeit nur das War. – Jeden Abend sind wir um einen Tag ärmer. – Wir würden vielleicht rasend werden, beim Anblick dieses Ablaufens unsrer kurzen Zeitspanne; wenn nicht im tiefsten Grunde unsers Wesens ein heimliches Bewußtsein läge, daß uns der nie zu erschöpfende Brunnen der Ewigkeit gehört, um stets die Zeit und das Leben daraus zu erneuern. [252]

Wenn wir durch den Tod den Intellekt einbüßen, so werden wir dadurch nur in den *erkenntnislosen* Urzustand versetzt, der aber deshalb nicht ein schlechthin *bewußtloser*, vielmehr ein über jene Form erhabener sein wird, ein Zustand, wo der Gegensatz von Subjekt und Objekt wegfällt; weil hier das zu Erkennende mit dem Erkennenden selbst wirklich und unmittelbar eins sein würde. [253]

Wer das Wesen der Welt erkannt hat, sieht im Tode das Leben, aber auch im Leben den Tod. [254]

Zwar sind wir infolge unserer Relation mit der Außenwelt gewohnt, als unser eigentliches Selbst das Subjekt des Erkennens, das erkennende Ich zu betrachten, welches am Abend ermattet, im Schlafe verschwindet, am Morgen mit erneuerten Kräften heller strahlt. Dieses ist jedoch die bloße Gehirnfunktion und nicht unser eigenstes Selbst. Unser wahres Selbst, der Kern unsers Wesens, ist das, was hinter jenem steckt und eigentlich nichts anderes kennt als wollen und nichtwollen, zufrieden und unzufrieden sein mit allen Modifikationen der Sache, die man Gefühle, Affekte und Leidenschaften nennt. Dies ist das, was jenes andere hervorbringt; nicht mitschläft, wenn jenes schläft, und ebenso, wann dasselbe im Tode untergeht, unversehrt bleibt. [255]

Das lebende Wesen erleidet durch den Tod keine absolute Vernichtung, sondern besteht in und mit dem Ganzen der Natur fort. [256]

Der Tod ist das große Reservoir des Lebens. [257]

Wir erkennen wohl, was wir durch den Tod verlieren, aber nicht, was wir durch ihn gewinnen. [258]

Der Tod ist die große Zurechtweisung, welcher der Wille zum Leben und näher der diesem wesentliche Egoismus durch den Lauf der Natur erhält. – Der Egoismus besteht eigentlich darin, daß der Mensch alle Realität auf seine eigene Person beschränkt, indem er in dieser allein zu existieren wähnt, nicht in den andern. Der Tod belehrt ihn eines Bessern, indem er diese Person aufhebt. – Sein ganzes Ich lebt also von jetzt an nur in dem, was er bisher als Nicht-Ich angesehn hatte, denn der Unterschied zwischen Äußerem und Innerem hört auf. Wir erinnern uns hier, daß der bessere Mensch der ist, welcher zwischen sich und den andern den wenigsten Unterschied macht, sie nicht als absolut Nicht-Ich betrachtet. – Das Sterben ist der Augenblick jener Befreiung von der Einseitigkeit einer Individualität, welche nicht den innersten Kern unsers Wesens ausmacht, vielmehr als eine Art Verwirrung desselben zu denken ist: die wahre ursprüngliche Freiheit tritt wieder ein. – Der Friede und die Beruhigung auf dem Gesichte der meisten Toten scheint daher zu stammen. [259]

Wie in unsern Träumen Verstorbene als Lebende auftreten, ohne daß ihres Todes auch nur gedacht werde; so wird, nachdem unser jetziger Lebenstraum durch einen Tod geendigt, alsbald ein neuer anheben, der nichts weiß von jenem Leben und jenem Tode. [260]

Die Besorgnis, es möchte mit dem Tode alles aus sein, ist dem zu vergleichen, daß einer im Traume dächte, es gäbe bloße Träume ohne einen Träumenden. [261]

Der Zustand, in welchen uns der Tod zurückversetzt, ist unser ursprünglicher. – In diesem Urzustande nun ist ohne Zweifel ein solcher Notbehelf wie das zerebrale, höchst mittelbare und ebendeshalb bloße Erscheinungen liefernde Erkennen durchaus überflüssig; daher wir es eben verlieren. Sein Wegfallen ist eins mit dem Aufhören der Erscheinungswelt für uns, deren bloßes Medium es war und zu nichts anderem dienen kann. Würde in diesem unserm Urzustande die Beibehaltung jenes animalen Bewußtseins uns sogar angeboten, so würden wir es von uns weisen wie der geheilte Lahme die Krücken. [262]

Jeder fühlt, daß er etwas anderes ist als ein von einem andern einst aus nichts geschaffenes Wesen. Daraus entsteht ihm die Zuversicht, daß der Tod wohl seinem Leben, jedoch nicht seinem Dasein ein Ende machen kann. [263]

Der vom Willen unbestochenen Erkenntnis bietet sich keine Frage natürlicher dar als diese: eine unendliche Zeit ist vor meiner Geburt abgelaufen; was war ich alle jene Zeit hindurch? –

Metaphysisch ließe sich vielleicht antworten: ›Ich war immer Ich: nämlich alle, die jene Zeit hindurch Ich sagten, die waren eben Ich.‹ [264]

Trotz Jahrtausenden des Todes und der Verwesung ist noch nichts verlorengegangen, kein Atom der Materie noch weniger etwas von dem innern Wesen, welches als die Natur sich darstellt. Demnach können wir jeden Augenblick wohlgemut ausrufen: ›Trotz Zeit, Tod und Verwesung sind wir noch alle beisammen!‹. [265]

Weder irgendein Individuum noch irgendeine Handlung kann ohne Bedeutung sein: in allen und durch alle entfaltet sich mehr und mehr die Idee der Menschheit. [266]

Zu diesem Buch

Daß wir durch Abstand von uns selbst, durch uneigennütziges Erleben von Natur oder Kunst, zur Ruhe kommen, zu Entspannung und Zurechtrückung des Ungleichgewichts, das so leicht entsteht, wenn wir unser Handeln nicht in Übereinstimmung mit unseren Kräften zu bringen vermögen, ist eine uralte Wahrheit, deren Richtigkeit jeder an sich selbst erfahren hat. Dem einen genügt schon eine Bagatelle, um fassungslos zu werden, der andere besitzt größere Reserven, vielleicht auch nur die besseren Nerven; aber der Verlust der einen Mitte, die Alarmsignale, die Körper und Seele zur Zerreißprobe bringen, bleiben auf Dauer kaum jemandem erspart. Im Vokabular unserer Zeit heißt dieser mittlerweile fast als Alltagserscheinung akzeptierte Zustand bekanntlich »Streß«: tagtäglich hören wir davon oder erleiden ihn, oft hilflos und ohne Ursachen oder Folgen analysieren zu wollen. Vielmehr spricht man von den unguten Bedingungen, den schädlichen Einflüssen, denen man im Übermaß ausgesetzt ist, impliziert also, daß die Gründe vor allem in den äußeren Gegebenheiten liegen. Und der kurze Generalnenner »Streß« dient so lange, bis deutlicher erfaßbare Symptome einer Krankheit zugeordnet werden können, nicht selten ebenfalls mit Hinweis auf die Schuld eines von außen wirkenden Übels.

An diesem neuralgischen Punkt zwischen Umwelt und eigener Mitgestaltung des als schicksalhaft empfundenen Lebenslaufs hat Arthur Schopenhauer weiter gedacht und sowohl unsere scheinbare Ohnmacht als auch die falsche

Erwartung korrigiert, unser Befinden könne allein von außen *wesentlich* verändert werden. Er sieht die innere Verfassung als die entscheidende an: das Heilmittel gegen Streß und Verzweiflung, gegen Unglücklichsein und sogar gegen die Todesangst liegt seiner Überzeugung nach nirgendwo anders als im Betroffenen selbst. Das bedeutet Arbeit und Übernahme von Verantwortung für jeden einzelnen.

Gute Erlebnisse, die man sich durch Eigenaktivierung und ununterbrochene Übung vielfach selbst verschaffen kann, rechtes Erkennen naturgegebener Notwendigkeiten und mitmenschlicher Korrelationen, denen mit Einsicht zu begegnen ist, sowie das Verstehen überpersönlicher Zusammenhänge tragen bei zur jeweils ausgeglichenen inneren Einstellung und können uns ein hohes Maß an Beruhigung schenken. Schönheit und Wahrheit gar nähern uns dem Erhabenen, aus welchem uns immer wieder neue Energie zuströmt.

Viele am Leben Leidende haben in Schopenhauers Gedanken Trost und Ansporn gefunden, mit der Wirklichkeit gelassener umzugehen, gerade weil sie sich dem simplen Optimismus entziehen. Im sarkastischen Spaßmacher Wilhelm Busch etwa, einem Popularisator des Philosophen, entdecken wir Schopenhauersche Weltsicht auf Schritt und Tritt (z. B. lautet der Satz: »Der Besitz nimmt den Reiz weg; unter einer neuen Gestalt stellt sich der Wunsch, das Bedürfnis wieder ein« bei Busch u. d. T. »Niemals« witzig einprägsam: »Ein jeder Wunsch, wenn er erfüllt, kriegt augenblicklich Junge«). Aber auch Richard Wagner, Wilhelm Raabe, Friedrich Nietzsche, Thomas Mann oder

Hermann Hesse haben aus dieser Philosophie wichtige Impulse empfangen gegen die Verdrängungsgewohnheiten, durch welche wir uns eher schwächen als stärken.

Die Passagen unserer Auswahl vermitteln den Kern solcher Selbsterziehung, an der keiner vorbeikommt, der nicht unverstandenen Mächten ausgeliefert bleiben will. Es ist zugleich eine Erziehung zur angemessenen Bescheidung, zum klaren Denken und zur tröstlichen Erkenntnis, daß alles mit allem zu tun hat. Denn in jedem Wesen liegt das *ganze* Zentrum der Welt, einerseits als Wille zu Wachstum und eigenem Wohlergehen, wie ihn die Natur in aller Offenheit und Konsequenz darlegt, andererseits als Vorstellung, auf deren höchster Stufe wir begreifen, daß das, was uns ausmacht, im Grunde unzerstörbar ist.

U. M.-W.

Zeittafel

1788 22. Februar: Arthur Schopenhauer, geboren in Danzig als erstes Kind des Kaufmanns Heinrich Floris Schopenhauer und seiner Frau Johanna, geb. Trosiener

1793 Übersiedlung der Familie in die Freie Hansestadt Hamburg, da der Vater die Annexion Danzigs durch Preußen als Einschränkung seiner Freiheit empfindet

1797 Geburt der Schwester Adele; Arthur wird (bis 1799) zu einem Geschäftsfreund des Vaters nach Le Havre geschickt, um dort die französische Sprache zu erlernen, vermutlich aber auch zur Entlastung der Mutter; für Schopenhauer sind die beiden Jahre eine glückliche Zeit

1799 Eintritt in die Rungesche Privatschule in Hamburg; von dort möchte Arthur auf das Gymnasium überwechseln, der Vater jedoch, der in den humanistischen Studien keine Basis für die von ihm gewünschte kaufmännische Zukunft des Sohnes sieht, schlägt ihm als Alternative eine mehrjährige Bildungsreise durch Europa vor; Arthur entscheidet sich für das Reisen

1800 Karlsbad und Prag

1803-1804 Holland, England, Frankreich, Schweiz, Österreich, Schlesien und Preußen (1803 mehrere Wochen in England, Wimbledon, zum Erlernen der englischen Sprache); während der ganzen Zeit führt Schopenhauer ein Reisetagebuch

1805 zurück in Hamburg; Antritt der Kaufmannslehre; 20. April tödlicher Unfall des Vaters

1806 September: Auflösung des väterlichen Geschäfts; Johanna und Adele Schopenhauer verlassen Hamburg und leben ab jetzt in Weimar, wo die Mutter einen literarischen Zirkel gründet, u. a. mit Goethe und Wieland als Gästen

1807 Schopenhauer in Hamburg vereinsamt, wendet sich literarischen Studien zu; Abbruch der Kaufmannslehre; Juni: Eintritt in das Gymnasium in Gotha (nach Auseinandersetzungen mit der Mutter);
Dezember: Schulwechsel auf das Gymnasium in Weimar

1809 Oktober: Beginn des Studiums an der Universität Göttingen (zunächst Medizin, dann Philosophie bei G.E. Schulze); volljährig geworden, erhält Schopenhauer seinen Anteil am väterlichen Erbe ausbezahlt

1811-1813 Fortsetzung des Studiums an der Universität Berlin (u.a. bei Fichte und Schleiermacher, gegen die er jedoch eine Abneigung entwickelt)

1813 Schopenhauer verläßt Berlin wegen der Kriegsunruhen; kurzer Aufenthalt in Weimar, wieder Spannungen mit der Mutter; Rückzug nach Rudolstadt, wo er an seiner Dissertation arbeitet;
18. Oktober: Promotion mit der Arbeit *Über die vierfache Wurzel des Satzes vom zureichenden Grunde* an der Universität Jena (in absentia);
abermals in Weimar, häufige Begegnungen mit Goethe; durch Friedrich Majer Bekanntschaft mit der altindischen Philosophie, die Schopenhauer entscheidend prägt

1814 endgültiges Zerwürfnis mit der Mutter; ab Mai in Dresden; dort Kontakt zu literarischen Kreisen, Studien in Sammlungen und Bibliotheken

1815-1818 Niederschrift von *Die Welt als Wille und Vorstellung*, Schopenhauers Hauptwerk

1816 Abhandlung *Über das Sehen und die Farben* veröffentlicht; darüber Diskussion mit Goethe

1818-1819 erste Italienreise

1819 *Die Welt als Wille und Vorstellung* erscheint bei Brockhaus; Bewerbung um eine Dozentur an der Universität Berlin

1820 Schopenhauer hält parallel zum philosophischen Hauptkolleg Hegels eine (wenig erfolgreiche) Probevorlesung; vermutlich Beginn der mehrjährigen Beziehung zu Caroline Richter, genannt Medon

1822-1823 zweite Italienreise

1823 Rückkehr nach Deutschland; in München durch Krankheit fast ein Jahr lang festgehalten; Kur in Bad Gastein

1824 September: wieder in Dresden

1825-1831 Berlin; Privatdozent, Arbeit an Ergänzungen zu *Die Welt als Wille und Vorstellung*; Übersetzung von Balthasar Graciáns *Handorakel und Kunst der Weltklugheit*

1831 August: Flucht aus Berlin wegen Choleraepidemie; längerer Aufenthalt in Frankfurt/Main

1832-1836 Mannheim; Juni 1833 Übersiedlung nach Frankfurt/Main

1835-1836 *Über den Willen in der Natur*, Niederschrift und Publikation

1838 Tod der Mutter

1839 Preisschrift *Über die Freiheit des menschlichen Willens*, die von der Königl. Norwegischen Societät der Wissenschaften ausgezeichnet wird

1840 Preisschrift *Über das Fundament der Moral* (*nicht* ausgezeichnet von der Königl. Dänischen Societät der Wissenschaften)

1841 die zwei Preisschriften erscheinen, zusammengefaßt u. d. Titel *Die beiden Grundprobleme der Ethik*

1843 Einzug in das Haus Schöne Aussicht Nr. 17 in Frankfurt, das Schopenhauer 16 Jahre bewohnen wird

1844 Vollendung des 2. Teils der *Welt als Wille und Vorstellung*; die ergänzte und überarbeitete Neuauflage des Werks erscheint bei Brockhaus

1847 2. Auflage der Dissertation

1849 Tod der Schwester

1851 *Parerga und Paralipomena* erscheint, darin *Aphorismen zur Lebensweisheit*, Schopenhauers populärstes Werk

1854 2. Auflage *Über den Willen in der Natur*

1858 70. Geburtstag; Schopenhauer lehnt die ihm angetragene Mitgliedschaft in der Königl. Akademie der Wissenschaften, Berlin, ab

1859 3. Auflage der *Welt als Wille und Vorstellung*;
Umzug in das Nachbarhaus Schöne Aussicht Nr. 16

1860 9. September Lungenentzündung;
21. September Tod Schopenhauers;
26. September Beisetzung auf dem Städtischen Hauptfriedhof, Frankfurt/Main

Quellennachweis

Arthur Schopenhauer, *Sämtliche Werke* in fünf Bänden. Textkritisch bearbeitet und herausgegeben von Wolfgang Frhr. von Löhneysen, Cotta Verlag und Insel Verlag (Arbeitsgemeinschaft Cotta-Insel), Wiesbaden, später Frankfurt am Main, 1960-1965

Band I: *Die Welt als Wille und Vorstellung.* I. Vier Bücher nebst einem Anhange, der die Kritik der Kantischen Philosophie enthält. 5, 17, 28, 30, 40, 57, 62, 65, 69, 70, 88, 93, 99, 104, 111, 112, 114, 115, 120, 124, 127, 133, 137, 169, 176, 178, 200, 204, 209, 239, 244, 250, 266

Band II: *Die Welt als Wille und Vorstellung.* II. Ergänzungen zu den vier Büchern des ersten Bandes. 18, 21, 25, 32, 38, 47, 56, 67, 68, 71, 83, 96, 100, 102, 116, 117, 122, 123, 126, 128, 129, 135, 136, 140, 141, 143, 149, 150, 151, 156, 157, 160, 174, 177, 181, 196, 211, 216, 219, 224, 225, 226, 232, 234, 236, 247, 249, 255, 256, 259, 261, 264, 265

Band III: *Kleinere Schriften.* Über die vierfache Wurzel des Satzes vom zureichenden Grunde. Über das Sehn und die Farben. Über den Willen in der Natur. Die beiden Grundprobleme der Ethik. 31, 34, 36, 42, 43, 80, 98, 158, 173, 185, 186, 187, 193, 194, 195, 198, 201, 203, 208, 240, 241, 243, 246

Band IV: *Parerga und Paralipomena.* I. Kleine philosophische Schriften. 1, 2, 3, 4, 6, 7, 8, 9, 10, 11, 12, 13, 14, 16, 19, 20, 23, 24, 26, 37, 44, 48, 50, 52, 58, 60, 61, 64, 66, 72, 75, 81, 84, 85, 95, 101, 139, 146, 153, 154, 159, 161, 162, 163, 165, 166, 168, 171, 179, 180, 183, 184, 189, 190, 206, 210, 212, 213, 214, 218, 221, 222, 227, 229, 235, 257

Band V: *Parerga und Paralipomena.* II. Kleine philosophische Schriften. Vereinzelte, jedoch systematisch geordnete Gedanken über vielerlei Gegenstände. 15, 22, 27, 33, 39, 41, 45, 46, 49, 54, 59, 63, 73, 74, 77, 78, 79, 82, 85, 87, 89, 91, 92, 94, 103, 105, 106, 107, 108, 109, 110, 113, 118, 121, 125, 130, 131, 132, 134, 138, 142, 144, 145, 148, 155, 164, 170, 172, 182, 188, 191, 192, 197, 199, 202, 205, 217, 228, 230, 231, 233, 237, 238, 242, 248, 251, 253, 258, 262, 263

Arthur Schopenhauer. *Ein Lebensbild in Briefen.* Zusammengestellt und herausgegeben von Angelika Hübscher. Insel Verlag, Frankfurt am Main, 1987. Motto p. 9, 29, 55, 76, 90, 97, 223

Arthur Schopenhauer. *Philosophie in Briefen.* Herausgegeben von Angelika Hübscher und Michael Fleiter. Insel Verlag, Frankfurt am Main, 1989. 147, 152

Gedanken aus dem Nachlaß: *Kleines Schopenhauer-Brevier.* Auswahl und Nachwort von Rudolf Malter. Insel Verlag, Frankfurt am Main, 1987. 35, 51, 53, 119, 167, 175, 207, 215, 220, 245, 252, 254, 260